# 「情」の経営に「理」あり

## レンゴー
## 大坪清
## 私の履歴書

レンゴー株式会社
代表取締役会長兼CEO
大坪 清

日本経済新聞出版

# まえがき

数年前に、日本経済新聞から「私の履歴書」の執筆依頼を受けたが、当時は現役社長でもあったので固辞させていただいた。

２０１９年に再び依頼があり、その時はすでに後任社長を決めていたので、一瞬躊躇はしたが、私の人生を辿った歴史物語が多少でも読者の皆さんの役に立てばと思いお引き受けした。

そして今回、連載を本にしてほしいとの要望が多数寄せられたということで、書籍化の話が実現した次第である。

私の人生行路は、いわば「現場の真理」を追い続けてきたものであり、そのスタイルは、“Boots on the ground”であったと言っても過言ではない。

そのスタイルゆえ、例えば、知に働けば角が立ち、情に棹《さお》させば流されたり、また、意地を通して窮屈な思いをしたりすることもあった。

しかし、実際、草を枕にしてみると必ずしも住みにくいものではなく、「森羅万象、万物の動きは因縁より生ず」という真理を発見したような思いが強くなり、因縁と因果による僥倖《ぎょうこう》とも言えるものであった感がある。

社会人としての前半30年間は住友精神の完全なる習得であった。その原点は住友家初代の住友政友が17世紀に商人の心得を説いた「文殊院旨意書《もんじゅいんしいがき》」にある。

「時勢の変遷、理財の得失を計り弛張興廃することあるべしと雖《いえど》も、苟《いやしく》も浮利に趨《はし》り軽進すべからず」

現代語で分かりやすくいえば、「時代の移り変わりに応じて資産運用の損得を見定め、事業の拡張や縮小、起業や廃業を進めるが、決して目先の利益に軽々しく走ってはならない」ということ。私はビジネスの現場でこの精神を貫き、実行し続けたと思っている。

後半30年間はアダム・スミスの「神の見えざる手」に倣い、その「紙の見えざる手」を求めて、「有道得財《ゆうどうとくざい》　和気生財《わきしょうざい》」（財を得るには道があり、良好な人間関係が財を生む）を現場感覚で具現化し、今日に至っている。

立派な後任社長が誕生したので、これからは会長職に専念しようと考えている。

# まえがき

仏教で「三世《さんぜ》十方《じっぽう》」という言葉がある。永遠の時間と無限の空間があるという意味だ。また、哲学者マルティン・ハイデガーはその著書の中で、人間の生き方が成熟する過程で人間の存在と同時に時間も「時熟」するといった内容を記している。

多忙な日々を長年送ってきたが、これからは自分のために使える時間が確実に増える。そのことに私自身が興奮を覚えるほどワクワクしている。

最終コーナーに入っている我が人生だが、このような時空の世界を大切にしながら、般若心経の四諦《したい》から仏教の根本原理とされている「苦《く》、集《じゅう》、滅《めつ》、道《どう》」を理解し、道諦に示されている八正道《はっしょうどう》を修行・実践して、施無畏《せむい》の心境になろうと努力している。難解な仏教用語を連ねて恐縮だが、要は、私自身が悟りを開き、世のため人のためにお役に立ちたいという思いに溢れているということ。まさにこれが私の現況である。

人間、齢を重ねると、ものの考え方が幅広くなってくる。若い人よりも長く生きており、おのずと人生の崖っぷちとも思える場面に何度も遭遇してきたからである。

本書では、これまでの多数の経験の中から私の見解を記したつもりであるが、万が一、管見、過言になった部分があればご容赦願いたい。

「情」の経営に「理」あり　目次

# 「情」の経営に「理」あり

# 1 不意の人事

## 新聞で知った社長起用、住商から段ボールメーカーへ

段ボールは19世紀半ばに英国で生まれた。シルクハットの内部にボール紙を波状に折って貼り、汗取り用に使ったのがその始まりとされる。今では飲料・食品、日用品から農産物、工業製品まで幅広い物品の包装材として利用され、これがなければあらゆる物流がストップするといわれるほど、需要の裾野は広がっている。

私はその段ボールを作る会社の社長を20年間務めた。年齢でいえば61歳から81歳まで。上場企業のトップとして過ごしたこの間には、当然のことながら、次から次に様々な出来事があったが、そのスタート時点のことは、ついこの前のことのように鮮明に覚えている。

「ツボさん、ちょっと日経新聞を読んどいてくれんかな」

２０００年（平成12年）３月のある日、こんな電話が東京からかかってきた。

通話の主は、レンゴーの社長だった長谷川薫さんである。当時、私は住友商事常務取締役欧州総支配人としてロンドンに駐在しており、数日前に副社長へ昇進する内示を受けたばかりだった。

レンゴーは私が住友商事に入社して以来の重要な取引先であり、長谷川さんとはその当時ですでに30年を超す付き合いがあった。

言われた通り、その日の日経新聞を取り寄せ、パラパラとページをめくっていくと、中ほどのページに「レンゴー新社長に住商の大坪常務」という見出しの記事が目に入った。

「これはいったい、どないなってんですか」

驚いた私が尋ねても、「宮原（賢次、住友商事社長＝当時）さんとは話がついとるから」と長谷川さんは言うだけで要領を得ない。

一番驚いたのは私のワイフだったかもしれない。その夜、帰宅して記事を見せると「なによこれ」と絶句してしまった。

自宅では仕事の話を一切しないのが私の流儀だったから無理もない。ただ、今の会社を辞め、新しい会社の社長になるのだから、家族の了解は不可欠だ。あれこれと事情を説明すると、「あなたが決めたことなら仕方がないわね」と理解してくれた。

その日から、周囲の環境は一変した。本人の頭越しに話が進んだ人事とはいえ、新聞で報じられてしまった以上、誤魔化しや曖昧な態度は許されない。

ロンドンオフィスの社員たちに「どうもレンゴーの社長にならざるを得なくなったよ」と伝えると「えっ」と絶句する者が大半だったが、中には「ウワサを聞いていました」という早耳の部下もいた。

製紙業界などで以前から私の「レンゴー行き」の人事観測が海を越えて飛び交っており、知らぬは本人ばかりなり、の状況だったらしい。

## 我が道を振り返って思うこと

思い起こせば、不意の人事は私には付き物である。

住友商事に入社して３カ月に満たない１９６２年（昭和37年）６月、誕生して間もない物資部紙パルプ課に配属されていた私は、担当役員（後の社長）の植村光雄さんと直属の部長（同専務）の芝梅太郎さんに「大坪、辞令が出るからちょっと来い」と呼ばれた。

商社マンであるからには当然、私も海外勤務志望だった。「もう外へ出してもらえるのか」と喜び勇んで２人のところへ馳《は》せ参じると、思いもかけない辞令が待ち受けていた。

「攝津《せっつ》板紙（後のセッツ、99年にレンゴーと合併）へ出向を命じる」

海外赴任の期待を裏切られたうえに聞いたこともない会社への出向だった。

驚きと失望を懸命に覆い隠し、私は２人へこう問いただした。

「へー、そこで私は何をするんですか」

すると「尼崎の工場へ行ってイチから製紙のことを習ってこい」とのことだった。

新入社員には気持ちを整理する時間など与えられない。早々におっとり刀で出向先の門を叩いた私を待ち受けていたのが、攝津板紙創業者で当時専務（後の社長）だった増田義雄さん（１８９６～１９８７年）である。

私は商いの基本をすべて増田さんに教わった。

１８９６年（明治29年）生まれの増田さんは、20代半ばに古紙回収業で身を起こし、戦前は兵庫県明石市や広島県呉市で製紙工場の経営に乗り出した。戦火でこれらの工場を失ったものの、終戦から２年後に兵庫県尼崎市に攝津板紙を設立し、有数の板紙メーカー

最近の筆者

に育て上げた立志伝中の人物である。

「ロスはこぼれる利益である」

「ドライヤーの下で寝た者でなければ紙抄《す》きの気持ちは分からない」

直接耳にした箴言《しんげん》の数々を私は「増田語録」として書き留め、今でも手元に置いている。

我が道を振り返って思うことは、増田さんや長谷川さんをはじめ、ビジネスの世界で巡り合った方々との縁《えにし》が私の人生そのものだということである。あの時あの出会いがなければ、まったく違った道を歩んでいたのだろうと思ったことは枚挙に暇《いとま》がない。

# 2 大阪生まれ

## 丁稚奉公から独立した父

私は大阪府北部に位置する北摂地域の中心都市、豊中で生まれた。

豊中は「古事記」に出てくる豊島《てしま》の地名に由来する歴史ある集落で、１８８９年（明治22年）の町村制施行の際、豊島郡の中心地だったことから、その名が初めて使われたという。１９１０年に箕面有馬電気軌道（現在の阪急電鉄宝塚線）が開通してから、現在のようなにぎやかな街に発展した。

私の誕生日は１９３９年（昭和14年）３月15日。男４人・女３人の７人きょうだいのちょうど真ん中、４番目の次男坊である。

先祖の話はほとんど聞いた覚えがない。磁器で知られる佐賀県伊万里市に大坪という地名がある。４００年ほど前の「古唐津」の窯跡などが残る古い街だが、ここから曽祖父の代に大阪へ出てきたということだった。

私の父は若い頃、商売で身を立てようと豊中から大阪の街中へ出てきて、江戸期以来の豪商として知られた加島屋の流れをくむ食品問屋に丁稚《でっち》奉公した。

加島屋は大同生命保険の創業一族としても知られる広岡家が代々経営してきた米問屋で、８代目当主の次男、信五郎氏に嫁いだ浅子さんが、ＮＨＫの朝の連続テレビ小説「あさが来た」（２０１５年９月～16年４月放送）の主人公のモデルになったことでも知られている。

父はこの食品問屋で丁稚奉公を終えた後、独立して店を構えた。戦前には大きな商いをやり、デパートなどとの取引もあって一時は羽振りが良かったようだ。

しかし、太平洋戦争が始まると、時勢は統制色が強まり、商いは困難の連続となっていく。とりわけ物不足が年々高じていくと、商品を仕入れるだけでも大変な苦労が伴ったらしい。

ようやく戦争が終わったと思ったら、今度は闇市などを取り締まる物価統制令が待ち受けていた。それに引っ掛かり、父の店は一斉摘発を受け、食材などの商品をごっそり差し押さえられてしまったという。

その後、苦労の末に父は再起し、そこそこの商売をやるようになっていくが、その過程については幼少期だったこともあり、それ以上の詳しい事情は分からない。

ただ、私が成長するにつれ、商売からビジネス全般へと広く関心を持つようになったのは、父と同じ事業家の血が流れていたからのような気がしている。

## やんちゃなガキ大将、算数は得意

終戦の年である１９４５年４月に、私は大阪城の南西側、谷町筋の近くにあった「南大江国民学校」へ入学した。

この年の春から大阪でも本格的な空襲が始まり、３月13日深夜から14日未明にかけての最初の大空襲では、死者・行方不明者は４０００人以上に上ったといわれている。

私たち新入生は学校へ入った途端に滋賀県蒲生郡日野町へ集団疎開することになり、８月15日の終戦までそこで暮らすことになった。

戦争が終わり、空襲の恐怖も去ってようやく半年ぶりに疎開先の日野町から学校へ戻ると、大阪の中心部は一面の焼け野原だった。学校も例外ではなく、講堂をはじめ校舎はすべて焼け落ちて満足な授業などできる状況ではなかった。なんとか落ち着いて勉強ができるようになったのは、学制改革で校名が「南大江小学校」に変わった3年生くらいからだったと思う。

小学校時代の授業で最も印象に残っているのは、6年生の時の「こども銀行」である。私たちの担任の金川圭二先生の発案で、クラス全員が10円ずつ出し合って貯金箱を作り、集まったお金をどう使うかを皆で話し合った。銀行の仕組みやお金の使い方、大切さをこどもたちに理解させる狙いだったのだろう。

この授業は、どういう経緯でそうなったのか分からないが、内容を聞きつけた日本銀行が有意義な教育として表彰してくれることになり、私たちにとって忘れられない思い出となった。

表彰式当日、日銀大阪支店に招かれたのは児童6人。淀屋橋に近い土佐堀川の北岸に今も聳《そび》え立つ辰野金吾らの設計による名建築の建物の中で、私が皆の代表として当時の一万《いちま》田《だ》尚登《ひさと》総裁から表彰状を頂戴する栄誉にあずかった。さらに鉛筆数箱の賞品もあり、クラス全員に1本ずつ配ったことも覚えている。

金川先生とはその後、亡くなるまで長くお付き合いをした。卒業後のクラス会には当時の級友も多く集まり、昔話をよくしたものである。

自覚はまったくないのだが、彼らの話では、私はかなりやんちゃなガキ大将だったようだ。勉強の方はというと、こちらも記憶はほとんどないものの、算数だけは得意だったと思う。

追い追い話を進めていくが、高校・大学では受験や定期試験など必要に迫られた時以外はバレーボールに明け暮れ、勉強は疎《おろそ》かになったままだった。

ただ、そんな中でも数学はずっと好きな科目で、レンゴーに来てからも財務の分析などでホワイトボードに微分積分の式を得意げに書いて説明したことがあったが、皆がぽかんと聞いているだけなので、その後はやらないようにしている。

小学校卒業後、金川圭二先生（前列右端）や級友と（後列右から３人目が筆者）

# ３

# 大手前高校

## バレーボール部の「４番」

大坪家の７人きょうだいのうち、一番上の姉から私まで上の４人はそろって大阪府立大手前高校にお世話になった。１８８６年（明治19年）に大阪府女学校として開校し、戦後の学制改革で男女共学になった伝統校である。

長姉は在校時にバスケットボール部で割と知られた選手だった。部の顧問の綿谷芳夫先生は指導力で定評のある府下では著名な教育者で、私もその綿谷先生に目をかけられ、運動部への入部を勧められたが、長姉と違って、私が選んだのはバレーボール部だった。

当時のバレーボールは９人制。私のポジションは中衛のレフトだった。強打で得点を稼ぐ役割で、野球でいえば「４番打者」といえる。それまでバレーボールなどやったことがなかったが、高校入学前に身長が急に20センチ以上伸び、１７０センチを超えていたこともあって、主軸の役割を任されたのだと思う。

前項で、同級生の回顧談をもとに小学校時代はガキ大将だったらしいと書いたが、自分自身ではおとなしいこどもだったと思っていた。自分が変わったなと感じたのは、バレーボールを始めてからである。

平日の早朝や土・日を返上しての練習は当たり前。試合でブロックをした時に中指を骨折したこともあったが、交代することもなく、そのままプレーを続けていた。心身ともに成長していた時期だったのだろう。

## 徹底研究で弱いチームが変身

ところで、入部した当初の我がバレー部はとにかく弱かった。府下の高校でリーグ戦をやって５部の上位か４部の下位に食い込めるかどうか、といったレベル。新入生の頃に対戦した強豪校は今でもはっきり記憶にある。

高津高校や港高校、八尾高校、西野田工業高校（現在の西野田工科高校）といった府立勢に加え、堺市立商業高校（２０１０年に閉校）――。1年生の頃はこうした各校と戦ってもこてんぱんにやられていたのだが、次第にこれらの強豪校と互角に戦えるようになり、リーグ戦では4部から3部、3部から2部へと昇格していった。

強くなったのには当然のことながら理由がある。

「なぜ負けてばかりなのか」

「どうすれば勝てるようになるのか」

そのことをトコトン突き詰めて研究したからだ。

強豪校の選手は身体が大きく、豊富な実戦経験もある。そんな実績のある相手に対し、やれウサギ跳びだ、やれランニングだ、と闇雲に練習を重ねても、効果があるとはとても思えなかった。

それよりも、相手が思いつかないような、不意を衝《つ》く方法を考えるべきではないか。ボールが飛んでいく際の軌道や空気抵抗などの研究をした方がいいのではないか。そんなことをチームの仲間たちと議論していたことを覚えている。

## 弱者が強者に勝つ戦術

我々が武器にした主な戦術は２つ。時間差攻撃とフローターサーブだった。当時はネット際のブロックのことを「ストップ」と呼んでいた。体格で劣る我々が得点を挙げるには、対戦相手のストップが飛んでこないところへ打つしかない。

まず思いついたのは、おとり役のアタッカーが打つと見せかけて相手のブロックをかわす時間差攻撃。これは、後に松平康隆監督が率いた１９７２年（昭和47年）のミュンヘン五輪で金メダルに輝いた日本の男子バレーボールチームの得意技として一世を風靡するが、その15年以上前の私の高校生当時、この時間差攻撃を戦術として実践しているチームは大阪では他になかったと思う。

もうひとつのフローターサーブは、無回転のボールがネット前でフッと浮き、ネットを越えるとサッと落ちる変化球。野球でいえば、ナックルボールだ。

９人制ではサーブが２本まで認められていて、最初はオーバーハンドの強打で狙うが、これは滅多に入らない。２本目に使ったのがフローターサーブで、我々の練習の成果もあり、試合ではこれが面白いように決まった。「セカンドサーブで点が取れる」というのが私たちのチームの大きな強みとなった。

「4番打者」としてポイントゲッターの役割を担った私は、皆が休憩している間にも自分でいろいろな方向へトスを上げ、それを打つ練習を繰り返しやっていた。そのおかげでセッターが前を向いたまま、後方へトスを上げるバックトスにもうまく対応できるようになった。

このほか、先に紹介したミュンヘン五輪の男子バレーボールの主力だった森田淳悟選手の考案といわれる「一人時間差攻撃」と似たような戦法も編み出していた。戦い方のアイデアは考えれば湧いてくるものだ。私はそれほどの強い球は打てなかったが、相手の不意を衝けば、それで十分だったのである。

## 1部リーグ昇格、優勝争いにも

3年生になると、こうした一連の取り組みが成果を上げてきた。我が大手前高校男子バレーボール部は1部リーグで2位にまで浮上する。当時の高校バレーは春と秋にリーグ戦

バレーボールに明け暮れた大手前高校時代

があり、さらにトーナメントの大会も開かれていた。一年中、土曜と日曜をほぼ部活動に費やした。当然のことながら、勉強などはそっちのけである。

ただ、弱いものが強いものに勝つには研究・工夫を重ねることが必要だ。他者とは違う戦術を編み出せば、決して勝利は不可能ではない。

愛すべき我がチームは3年間にリーグ戦5部から1部に昇格し、優勝争いに加われるまでに飛躍した。これをやり遂げたことは、私の後々の人生に大きな意味を持つようになる。

当時のチームメートや先輩、後輩たちとは、今でも地元のロータリークラブや同業者の会合の席などでよく顔を合わせる。

バレーボール部のＯＢはまだまだ健在で「彼は私の後輩です」と紹介したり、されたりすることが少なくない。これは私にとって生まれ育った大阪の街が、傘寿を超えた現在に至るまで、公私ともにメインステージであり続けている恩恵ともいえる。

# 4

# 神戸大学

## 1部リーグ昇格するもルール変更で限界

１９５８年（昭和33年）、高校時代に発したバレーボール熱が冷めやらぬまま、大学へ進学した。神戸大学を選んだのは、関西の国立大学でバレーボール部が最も強かったということが最大の理由である。

前身の神戸高等商業学校（１９０２年設立）は日本で最初のバレーボールチームをつくった伝統校であり、日本バレーボール協会の歴代理事に大勢のＯＢが名を連ねている。

米国で19世紀末に考案されたこの球技は、我が国に伝わった当初、女子のスポーツと見なされていたが、その視点を根本的に変えたのが、日本のバレーボール指導者の草分け的存在となった多田徳雄先生（１８８９〜１９７６年）である。

広島の学校教員時代にその面白さに目覚めて普及に力を注いだ多田先生は、１９２０年（大正９年）に広島から神戸高商に招かれ、男子学生有志を募って排球部（排球はバレーボールの邦訳）を立ち上げるのだが、これが国内初のバレーボールチームとされ、国内最強の排球集団として名を馳せていった。

そんな栄光の歴史に彩られたバレーボール部を有する神大（神戸大学の略称）を目指した私は、人並みに受験勉強をやり、なんとか経済学部にもぐり込んだ。

予定通り、さっそくバレーボール部に入部。私の大手前高校方式の時間差攻撃やフローターサーブは、当時の関西大学リーグでも十分効果を発揮した。

我々新入生が加わる以前は3部にとどまっていた神大バレーボール部はトントン拍子で1部に昇格するが、さすがに1部になると関西大学、関西学院大学、同志社大学といった強者《つわもの》がそろうチームが待ち構えている。

おまけに3年生の後半にリーグ戦は９人制から６人制へ変わった。64年の東京五輪から男女バレーボールが正式競技となり、しかも６人制で実施されることが決まっていたからだ。

９人制で２・３８メートルだったネットの高さは、６人制では２・４３メートルへ上がり、コートも４分の１強狭くなる。

得点ルールもそれまでの21点先取のラリーポイント制から、サーブ権の移動後に得点が入る15点先取のサイドアウト制となり、弱者が勢いに乗って試合を制する番狂わせが起きにくくなった。

６人制移行後、関西学院大学との試合で、あるセットを０対15で失い、ひどい屈辱感を味わったのを覚えている。

## 朝練・授業後、昼から麻雀

若き日の情熱を注いだバレーボールはそんな風に限界を感じるようになっていったが、大学生活はいたって呑気なものだった。午前中は朝の練習が２時間あり、その後に授業があれば出席し、すぐに昼食時間になる。そこからは麻雀タイムだ。

当時は東南の２場で終わる半荘《ハンチャン》のルールはなく、東南西北の４場をやる一荘《イーチャン》戦だったから、対戦の決着がつくまで長丁場で、あっという間に夕方になる。

夜はもっぱら社交ダンスのレッスンに通った。阪急沿線で阪神間屈指の高級住宅街として知られる御影の駅前に、当時流行のダンスホールがあった。「お嬢様学校」で有名だった近隣の神戸女学院の学生のお相手をするのが、我々神大生の役目とされていた。

## 2年かけ読んだ『国富論』の原書

こんな調子だから勉強に身が入るはずもない。ゼミナール担当の田中薫教授は「君は運動を一生懸命にやっているからそれでよろしい。この本だけを読んでおきなさい」と言って1冊の本を与えてくれた。

それがアダム・スミスの名著『国富論』の原書だった。英語の長い表記は今でもはっきりと記憶している。“An Inquiry into the Nature and Causes of the Wealth of Nations”

尊敬する師の教えに従い、この『国富論』を2年間読み続けた。読んだけれども、本当のところ、よく分からなかった。しかし、繰り返し読んだことで頭には残る。

例えば後年、実社会でビジネスに携わるようになって、ふと「分業論（division of labour)」という言葉が頭に浮かんできたことがあった。

『国富論』の第1章にあるその箇所を読み返すと、待ち針《ピン》の製造を例にとり、機械の知識のない労働者だと1日1本も作れないが、ある者が針金を引き伸ばし、次の者がそれを真っすぐにし、３人目が切断し、４人目が先を尖らせ、５人目がその先端を磨く。

こうした分業を行うことで、仮に10人の労働者がいれば４万８０００本以上を製造できるとある。これは古紙回収から原紙製造、貼り合わせや製箱といった工程が分立する段ボール製造にも当てはまるのではないか。

なるほど、そういうことかと改めて興味が湧き、読み進んでいくと「見えざる手(invisible hand)」のくだりに行き着く。

個人がそれぞれ自己の利益を追求すれば市場メカニズムが働き、無駄のない資源配分が達成され、その結果社会の利益が高まるという。

俗にこのくだりは「資本の論理」の正当性を説いていると解釈されがちだが、それほど単純なことではないような気もする。

ひょっとしてアダム・スミスの唱える「見えざる手」とは、般若心経でいう色即是空の「空」やインド人が発見した「ゼロ」の概念に通じる真理かもしれない――。

経営者となって読み返した時、そんな我流の解釈が次々に湧いてきて、今更ながら古典

神戸大のゼミ仲間と恩師・田中薫先生（前列左）を囲んで（２列目左から２人目が筆者）

の奥義を実感できた。

田中先生は地理学の権威でもあり、戦後は被災都市の視察で各地を回る傍ら、短期間だが貴族院の子爵議員も務めていた。奥様の田中千代さんは著名な服飾デザイナーであり、おしどり夫婦として有名だった。

さて、2年かけて『国富論』の原書を一通り読み終え、報告に行った私に向かって先生はこう仰った。

「そうか読み終えたか。君を信用しよう、だから質問はしないよ」

本当に素晴らしい恩師だった。

# 5

# 商社志望

## 就職の動機

どうせなら海外で仕事をしてみたい――。漠然とこんな思いを抱き始めたのは大学に入学して2～3年経った頃だった。

当時、日本の若者の憧れの場所といえば米国のサンフランシスコ（San Francisco）とシアトル（Seattle）、それに豪州のシドニー（Sydney）であり、その共通する頭文字から「3S」と呼ばれていた。自分もいつかそんなところで働ければいいなと考えていて、それが総合商社を就職先として志望した動機のひとつだった。そして、商社マンを目指すからには、外国語の習得は必須だろうと、ひそかに語学の勉強には力を入れていたのである。

ただ、決定的要因ということになると、これもまた、バレーボールが関係する。

大学3年生の頃だったと思うが、神大バレーボール部の6期上で住友商事に在籍していた「黒田さん」という先輩がいた。

「誰かウチの会社の女子バレー部のコーチをやってくれないかな」

ある時、その黒田さんから相談を受けたのがそもそもの始まりだった。

「どんなチームなんですか」と私が部の状況を聞くと、メンバーはそろって容姿端麗、つまり美人ぞろいで評判が高いという。

もちろん、実業団リーグに名を連ねるような本格的なクラブチームというわけではなく、試合といえば、せいぜい住友系各社が参加するグループ対抗戦。当時、そのグループ対抗戦で最強のチームは、仕事柄女性スタッフの多い住友生命保険といわれていた。

文字通り、グループ親善が目的の対抗戦だから勝負にこだわる必要はない。それなら楽しんで指導できるなと踏んだ私は、「そうですか、ならばオレが行きます」と自ら手を挙げた。

実際、コーチとして練習に赴いてみると、メンバーは皆初々しく、快活な娘たちばかり。

「よし、どうせなら就職もこの会社にするか」という流れで志望先を決めた。

こう書くと、就職の動機は決して純粋とはいえない気もする。しかし、いささか自己弁護に聞こえるかもしれないが、私は会社をえり好みしたのではなく、女子バレー部のコーチとして感じた社内の雰囲気の良さに惹かれ、さらに「海外で働いてみたい」という思いが叶う仕事の中身を選んだのだと自分では思っている。

## 「鉄鋼商社」

当時の住友商事は「十大商社の９番目」であり、住友金属工業（現在の日本製鉄）関係の取引ばかりが際立つ「鉄鋼商社」といわれてもいた。

ちなみに、「十大商社」とは三菱商事、三井物産、住友商事、伊藤忠商事、丸紅飯田（１９７２年に丸紅へ社名変更）、日商（１９６８年に岩井産業と合併し日商岩井、２００４年にニチメンと合併し双日）、東洋棉花（後のトーメン、２００６年に豊田通商へ吸収合併）、日綿實業（後のニチメン、２００４年に日商岩井と合併し双日）、兼松（１９６７年に江商と合併し兼松江商、90年に兼松へ社名変更）、安宅産業（１９７５年に破綻、77年に伊藤忠商事へ吸収合併）であり、１９７０年代前半まで総合商社といえばこの10社を指した。

私が入社して2年後、1964年度（64年4月〜65年3月期、単体）の「十大商社」の売上高ランキングをみると、以下のような順になっている。

〈1〉三菱商事＝1兆3183億円
〈2〉三井物産＝1兆1995億円
〈3〉丸紅飯田＝1兆64億円
〈4〉伊藤忠商事＝9858億円
〈5〉日綿實業＝5251億円
〈6〉東洋棉花＝5163億円
〈7〉住友商事＝4562億円
〈8〉日商＝4519億円
〈9〉安宅産業＝2795億円
〈10〉兼松＝2650億円

※安宅産業の売上高は、1963年10月〜64年9月の1年間（「安宅産業六十年史」より）
※安宅産業を除く9社の売上高は、「日経バリューサーチ」の企業財務情報データより

前述したように、私が就職活動をしていた１９６１年（昭和36年）には「十大商社の９番目」だったから、その後の３年間で順位は２ランクアップしているものの、それでも７番目だった。

三菱商事と三井物産は戦後の財閥解体で会社が分散されたが、50年代半ば以降に相次ぎ再統合し、盤石の商圏が復活した。一方、この頃はまだ「関西五綿」と呼ばれた丸紅、伊藤忠、日綿實業、東洋棉花、江商といった繊維系商社の存在感がとりわけ関西では強く、そんな中で新興の住友商事は埋没している感さえあった。

## 住友商事の成り立ち

歴史を紐解けば、住友が「日本建設産業」（住友商事の前身）の社名で商事部門に本格的に進出したのは太平洋戦争敗戦から３カ月後の１９４５年11月のことである。

住友家初代の住友政友（１５８５～１６５２年）が標榜した「浮利に趨り軽進すべからず」という事業精神の存在が、三井、三菱といった他の旧財閥に比べ系列商社の設立を遅らせることになった。

第一次世界大戦（１９１４～18年）が日本に空前の「大戦景気」をもたらした頃、財閥運営の要である住友総本店内でも貿易業を営む商社設立の機運が高まったことがあったが、第3代住友総理事の鈴木馬左也（１８６１～１９２２年）は「住友は絶対に商事はやってはならぬ」と却下。いわゆる「商社設立禁止宣言」を発した。

この時、鈴木はやはり初代・政友が家人に遺した商いの心得集「文殊院旨意書」を引き合いに出し、その中から「相場より安い品物でも出所の分からないものは買ってはならない」（第1条）、「人の保証をしてはならない」（第３条）といった貿易業に対する否定的な理念が住友の事業精神の支柱となっていることを強調したという。

しかし、その「商社設立禁止宣言」も、およそ四半世紀が経過した敗戦直後には解かれてしまう。もちろん、それには理由がある。禁を解いたのは第7代住友総理事の古田俊之助（１８８６～１９５３年）である。

１９４５年8月15日、昭和天皇の玉音放送によって太平洋戦争の終結が国民に知らされる。古田は敗戦によって、旧満州（現在の中国東北部）をはじめ海外に展開していた住友の事業拠点は人員と共に撤収を迫られ、さらに戦争に協力した財閥が解体を余儀なくされることは不可避と確信。その対策に没頭するようになる。

古田が打ち出した基本方針は、①拡張し切った各方面の事業を収拾し、人材の離散を防ぐとともに各人にできる限りの仕事を与える、そのために新しい事業を企画する、②海外引揚者とその家族の援護を十分に行う、③住友の事業をできるだけ滅ぼさずに転換し、将来、民族と国家の繁栄に資するよう運営する――といったものだった（住友商事公式サイト「住友の歴史から」より）。

そして、こうした基本方針を実現するため、古田が苦渋の決断をしたのが、商事部門への進出だった。

「新しい事業」の候補には「商事」のほかに「製塩」「水産」「セメント」「出版」などが挙げられたが、早急の事業着手が求められる中、大量雇用が可能で設備投資などの負担が少ない「商事」が優先されたといわれる。

ただ、当面は戦後の混乱で新規事業の独り立ちが難航すると予想されたことから、住友系企業で最も資産内容が良好な住友土地工務を「日本建設産業」と商号変更し、財務の安定を図りながら商事部門を展開することになった。

住友土地工務は、大阪北港地域の造成と隣接地開発を手がけるために１９１９年（大正

住友商事への社名変更を知らせる広告（1952年6月）

8年）に設立された大阪北港株式会社が前身。このため住友商事の法人としての設立日は大阪北港株式会社が設立された19年12月24日となっている。

ちなみに日本建設産業は50年に建築設計監理部門を分離し、別会社として独立させるが、これが現在国内建築設計最大手の日建設計となる。そして、この日建設計（当時の社名は日建設計工務）分離から２年後の52年、商事部門が主力となった日本建設産業は住友商事へ社名変更する。

私がこの会社の入社試験を受けたのは、日本建設産業発足から16年、社名が住友商事となってから9年しか経っていない頃である。総合商社としての歴史は浅く、まだ新興勢力の部類だった。

## 初の面接、津田社長自ら

１９６１年9月、面接に来いと呼び出しがあり、大阪・淀屋橋の本社に馳せ参じると、いきなり当時の経営トップ、津田久さん（１９０４～２００２年）が登場する「社長面接」だった。両脇に津田さんの後任社長になった柴山幸雄さん（１９１１～88年）、その次の社長の植村光雄さん（１９１４～２００６年）も控えていた。

初代社長の田《とう》路《じ》舜哉《しゅんや》さん（１８９３～１９６１年）はこの年7月に亡くなっており、残念ながらお目にかかれなかったが、2代目の津田さんから4代目の植村さんまでの歴代社長とは、まだ私が学生だった時にこうして初対面の機会を与えられた。

「君は大学時代に何をしましたか」

これが面接での最初の質問だった。

「バレーボールばかりやっていました」

私は包み隠さず答え、さらにこう付け加えた。

「田中薫先生のゼミでアダム・スミスだけはしっかり読みました」

すると津田さんが、

「ほう、それは楽しみだねえ」

といかにも感心したように仰る。

そんな好意的な反応にすっかり気をよくした私がつい気軽に、

「これから『3商大』のバレーボールの対抗戦で東京へ行かなければなりません」

と口にすると、意外なことにお三方はイヤな顔をされず、

「そうか、ならばすぐに行きたまえ」

となった。

3商大対抗戦というのは、旧商科大学の流れをくむ神戸大学、一橋大学、大阪市立大学の3校が年に1~2回開催していた交流試合で、この時は東京・国立の一橋大学で行われることになっていた。

## 夜行列車で移動中、「採用」電報

その日、津田社長らに淀屋橋の本社から気持ちよく送り出されて、オフィス街をしばらく上機嫌で歩いていたのだが、時間を置いてよくよく考えてみると、正直いって「こりゃダメかな」という思いが募ってきた。

いきなりの社長面接で舞い上がり、相手のペースにはまって、あまりに好き放題に喋り過ぎたのではないか。これからの人生の進路を左右する大事な就職面接を放り出し、バレーボールの対抗試合に出かけるとは、あまりに調子が良すぎる。

ところが、後で分かったことだが、女子バレー部のコーチを探しに相談に来ていたあの黒田さんが、人事部への紹介や根回しを周到にやってくれていたらしい。

面接を終えた足で大阪駅から夜行列車に乗り、東京へ向かっていた途中、思わぬことに住友商事から「採用」の電報が届いた。走っている列車の中への一報である。おそらく当時の国鉄は電信を使ってそんなサービスをやっていたのだろう。

車掌からその合格電報を受け取った時は最高の気分だった。

もちろん、こんな時に試合に負けるはずがない。対抗戦は神大の圧勝。仲間たちと祝杯を挙げたのは言うまでもない。

# 6 配属

## 住友商事の花形部門

住友商事への就職活動はこうして成功裏に幕を閉じた。いきなり正念場となった社長面接は結果オーライだったが、その際、津田社長に尋ねられたことが、実はもうひとつあった。

「入社したら、どこの部署に配属してほしいかね」

おっとり刀で就活に臨んでいた私は、他の学生に比べて会社研究が十分だったとはいえなかったが、それでも住友商事の花形部門が鉄鋼や機械、化学だったことくらいは承知していた。

周知の通り、住友の祖業は銅の商いである。住友家の初代・政友の姉婿である蘇我理右衛門（１５７２〜１６３６年）が１５９０年（天正18年）に京都寺町五条に「泉屋」を開業した。

当初は銅の精錬や細工を手がけていたが、南蛮人からヒントを得て粗銅から銀を分離する「南蛮吹き」と呼ばれる精錬技術を開発したのをきっかけに事業を拡大していった。当時、日本は世界有数の銅産出国であり、「南蛮吹き」以前は銀を含んだまま銅を輸出していたため富を失うばかりだったが、「泉屋」は新たな精錬技術導入により、銅の商いに加え、副産物として生まれる銀の利益も蓄積できるようになった。

また、理右衛門の長男である友以《とももち》は政友の娘と結婚して住友家に婿入りした後、「泉屋」の大坂進出に力を注いだ。とりわけ、「南蛮吹き」の技術を公開して同業者の裾野を広げたことで、大坂が銅精錬業の中心地となることに大きく貢献した。

さらに１６９０年（元禄３年）に伊予国赤石山系（現在の愛媛県新居浜市）で発見された別子銅山は、１９７３年（昭和48年）に閉山されるまで３００年近くの間、住友の富の源泉となった。

明治維新後、住友財閥は鉱山業から派生した金属製錬・加工や機械、化学、林業を次々に事業化していった。それらは住友金属鉱山、住友金属工業、住友重機械工業、住友化学、住友林業といったグループ企業群を形成するようになる。

三井や三菱が金融業や商社、海運などで財閥としての事業基盤を築いてきたのに対し、住友において製造業が主力となったのはこうした歴史的経緯が背景にあった。

## 一番弱い部門を希望

歴史の説明が長くなってしまったが、戦後に立ち上がった住友商事はこれらのグループ企業の製品を扱うビジネスで競争力を培い、成長のバネとしてきた。その結果、必然的に鉄鋼や機械、化学を担当する部門が脚光を浴びていたのだ。

どうせ会社に入るなら、そんな陽の当たる部署で働きたいと考えるのが普通かもしれない。だが、私はそうは思わなかった。

「社内の花形部署は、おそらくエリートぞろいの先輩や上司が幅を利かせ、新入りは彼らの使い走りばかりやらされるのだろう。そんな職場では、自由に裁量を発揮できないのではないか――」

津田社長に希望の部署を尋ねられた時、こんな思いにとらわれた私はとっさに「一番弱い部門を希望します」と答えた。小さな部署なら若手の自分にも大きな仕事に携わるチャンスが巡ってくるかもしれないと考えたからだ。

ただ、そうは言ったものの、まさかその通りに希望が受け入れられるとは思ってもみなかった。

## 2カ月で出向、攝津板紙へ

1962年4月、住友商事に入社した私の配属先は新設部署の物資部紙パルプ課だった。文字通り、誕生したばかりの白紙の状態の職場で、ゼロから実績を築くことを求められていた。そしてすでに触れたように、私は商社マンの基本動作を学ぶ間もなく、2カ月後の6月に攝津板紙への出向を命じられる。

当時、実績ゼロの紙パルプ課にとって、成長への唯一の足掛かりが攝津板紙とのソール・エージェント（一手販売）契約だった。

攝津板紙の詳細については後述するが、同社は57年に三菱商事と「三攝板紙」という共同出資会社を設立したものの、工場の規模が小さくうまくいっているとは言い難い状況にあった。摂津板紙としては、現状打破のため、総合商社のパートナーを三菱から住友へ試しに変えてみようという程度の考えだったのだろう。

## 創業者の増田さん、現場の「鬼」

出向に際し、私はソール・エージェント契約について一応の勉強を済ませ、準備は整えたつもりだったが、私を迎えた摂津板紙の創業者・増田義雄さんは、そんな即席の目論見を早々に見破っていた。

「ネクタイと万年筆で仕事ができるとは思うな」

「契約書は破るためにある」

初対面の挨拶も早々、こう言って出鼻を挫《くじ》き、社会人1年生の私を当惑させた。

毎日の執務内容をレポートにまとめようとすると、「そんなもん要らん」というのが増田流。「何より大切なのは現場だ」という説教が何度も繰り返された。

前述したように、「ドライヤーの下で寝た者でなければ紙抄きの気持ちは分からない」

が増田さんの口癖だった。あまりの執拗さに「それほど言うなら本当に寝てやろう」と私は尼崎工場（兵庫県）に3日間泊まり込み、そのうち1日は、構内にゴザを敷いて一晩を過ごした。

そうすると、不思議なことが起こった。

真夜中、静まり返った工場の床に寝転がり、耳を澄ましていると、ドライヤーの配管に残っている水の音や機械に張り巡らされた配線の中を電気が流れる音が本当に聞こえてくるような気がした。そして不思議なことに、紙を抄く抄紙《しょうし》機がどんなものであるか次第に分かってきたような気持ちになったのである。

こんな体験をすると、増田さんのもうひとつの口癖である「ロスはこぼれる利益である」についてもイメージが湧いてくる。

一般に抄紙機を稼働させると、品質が安定せずに「損紙」が発生したり、古い原料がタンクの底に溜《た》まったり、様々なロスが発生する。それらを「操業時のロスは仕方ない」と諦めるのではなく、作業工程を工夫・改善し、ロスを減らせばそれだけ利益が増えるのではないか、というのが増田さんの考え方だったのだ。

工場に足繁く通っていると、現場の技術者をはじめ攝津板紙社員の私に対する態度が変

社員に訓示する摂津板紙の創業者・増田義雄社長（1972年）

わり、親しみを持って接してくれるようにもなった。出向2年目に攝津板紙が紙管原紙製造に進出すると、増田さんから「お前が中心になってこれを売ってこい」と販売を任された。

紙管とは筒状の板紙のこと。卒業証書を納めたり、ポテトチップスを詰めたりする民生用から、レーヨンの糸巻きやステンレスコイル向けなどの工業用まで、その用途は実に幅広い。

増田さんに認められたのだから、もう怖いものなどない。私は昭和丸筒（大阪府東大阪市）や日本紙管工業（大阪市）といった紙管メーカーに「飛び込み営業」を行い、原紙の供給契約を次々とモノにした。

これらの取引先とは現在も付き合いがあり、半世紀以上も前に営業で訪問した際に交換した「攝津板紙営業部　大坪清」という私の名刺を「今でも持っていますよ」と冷やかされることがある。

# 7 製紙業界

## 存在したヒエラルキー

一口に製紙業界といっても、新聞用紙や印刷用上質紙などの洋紙から、ティッシュペーパーやトイレットペーパーなどの家庭紙、段ボール原紙などの分厚い板紙、さらに洋紙の原料となるパルプに至るまで、主力製品がそれぞれ異なるメーカーが混在し、そこには目に見えないヒエラルキーがかつてはあった。

例えば、洋紙メーカーから見ると、板紙は声に出せば「イタガミ」であり、そこから生まれる「ダンボール」は同じように濁音がつく。「ヨウシ」「セイシ」と澄んだ音の自分たちとは違うんだ、という意識を感じることがレンゴーの社長になった当初何度かあった。

強いていえば、「上から目線」に近い感覚だ。その後、業界構造は劇的に変わり、そんな感覚は今では雲散霧消している。

## 立志伝中の人物

私が20代の血気盛んな頃に仕えた攝津板紙創業者の増田義雄さんは、大正末期から昭和にかけ、そうしたヒエラルキー構造の業界で古紙回収業から身を起こし、一代で国内有数の板紙メーカーを築き上げた、いわば「立志伝中の人物」だった。

1922年（大正11年）、26歳で古紙回収の仕事を始めた増田さんは、その2年後に個人経営の「城東製紙所」を大阪市城東区で起業した。元号が昭和に改まった翌年の1927年（昭和2年）にこの会社を「今福製紙」に改組した後、38年に兵庫県明石市に会社を移転し社名を「昭栄製紙」に変更。さらに42年には広島県呉市に「芸陽製紙所」を設立するなど、西日本各地で次々に事業拠点を築いていった。

ただ、戦前の最後の拠点となった呉市は終戦間近、米軍機による激しい空襲に何度も見舞われ、芸陽製紙所は45年8月に戦災で焼失している。

戦後、事業再興を期した増田さんは終戦前に廃業した「美作製紙」という会社の跡地に目をつけた。場所は兵庫県尼崎市杭瀬。跡地を所有していたのは金属加工メーカー「大同製鋼」(大同特殊鋼の前身)の常務取締役だった松本七郎氏で、美作製紙の廃業後に跡地の所有権を保持していた大同製鋼から退職金代わりに譲り受けたとされる。

増田さんは古紙回収業を手がけていた頃から美作製紙に出入りして周辺に土地勘があり、新たな製紙業を起こすには格好の場所だと判断したようだ。47年、この場所で「攝津板紙」が産声を上げる。

設立発起人であり、実質的に事業を切り盛りし、責任を負ったのも増田さんだったが、社長の座には敢えて松本氏を据えた。本社や工場の敷地を所有するオーナーであったことに加え、大会社の大同製鋼の重役だった松本氏のネームバリューにも期待していたのだろう。

結局、事業上の創業者でありながら、増田さんは長く専務取締役にとどまった。松本氏は61年5月まで14年間社長を務めて退任。その後1年半、攝津板紙の社長は空席となり、専務だった増田さんが社長に就いたのは62年11月のことである。

増田義雄氏の自宅を訪ねた際の筆者

## 「初心忘るべからず」、増田さんの素顔

その増田さんの愛車は米国大統領の専用車としても知られていた最高級車の「リンカーン」。昭和30年代後半の大阪で、この大きな輸入車をほかに見かけることは滅多になかった。

当時の私の日常は、60年近くが経過した現在でも鮮明に覚えている。一日の仕事を終えると、尼崎の本社から大阪・北新地の馴染みの店へ食事に行くのが増田さんの日課だった。私もしばしばお供を仰せつかり、その「リンカーン」に同乗させてもらった。

そんな時、大阪市街に入って、北新地の南側を東西に流れる堂島川の川沿いの道を進んでいくと、後方の荷台に古紙をいっぱいに積んだリヤカーを引いている中高年の男性をよく見かけた。今の言葉で言うなら、廃品回収業の人たちだ。

すると、増田さんは必ず運転手に「ちょっと止めてくれ」と言って、「リンカーン」を道端に寄せさせて車を降りた。それから男性のところへ歩いて行って「ご苦労さん」と声をかけながら、懐の札入れから何枚かお札を取り出して渡していた。

決して優越感をにじませた物言いや動作ではない。数十年前、自ら古紙回収業にいそしんでいた往時を振り返り、初心忘るべからずとの思いからの行為だったのかもしれない。そんな人だった。

## 摂津板紙の新工場建設計画

住友商事はそんな増田さんをパートナーにして紙・パルプ部門を主力事業のひとつに育てようと考え、片や増田さんは、住友の資本をバックに摂津板紙の事業拡大を目論んでいた。

当時、両社間での最大の懸案は、摂津板紙の関東への本格進出であり、具体的には埼玉県八潮市での新工場建設プロジェクトだった。

摂津板紙が１９５７年に三菱商事と共同出資で「三摂板紙」を設立したことは前に触れたが、東京・足立区に立ち上げたその共同出資会社の工場は規模が小さく限界があった。増田さんはそれに代わる新設工場を「東京工場」と名づけ、関東一円への供給力を一気に拡大する思惑だったが、実現のためには多額の資金が必要だった。

当時の新工場建設計画書には、63年からの３カ年計画で総投資額が25億１４００万円と記されていた。工期は3期に分け、第1期（63年11月～64年6月）は白ボード用円網抄紙機、第2期（64年4月～65年2月）はセミ芯用長網抄紙機、第3期（65年6月～66年３月）はライナ用円網抄紙機をそれぞれ建設。この一連の新工場建設に伴い計３２５人を新規採用する計画を打ち出していた。念願の関東進出を機に会社を一気に飛躍させようという意気込みが見て取れる、壮大なプランだった。

## 摂津板紙と住商、事業拡大へ組む

摂津板紙の主力取引銀行は住友銀行（現在の三井住友銀行）だったが、これほど大規模な融資を取り付けるには摂津板紙1社の信用力では正直いって無理があった。その大型ファイナンスを実現するには、事業パートナーの住友商事の力添えが不可欠だったに違いない。

増田さんと、住友商事の私の上司で当時常務だった植村光雄さんや社長の津田久さんとの間で、資金調達を巡る丁々発止のやり取りがあったことは想像に難くない。

建設中の攝津板紙東京工場

実際、私がいる前で「植村くん、攝津のことはこんな若い者に任せた方がうまくいくよ」と増田さんが牽制球を投げる場面もあった。おそらく増田さんから見れば、私は住友商事が送り込んでくれた格好の「人質」だったのだろう。

後述するが、増田さんは仕事では厳しく、私は時に辛辣な叱責も受けたが、夕飯時には北新地の行きつけの料亭に誘ってくれて「風呂でも入れ」といった気遣いがあった。良い気分で上がってくると「あそこの店へ行ってうまい物でも食べてこい」と送り出してくれる。

私が23歳で攝津板紙へ出向した当時、増田さんは66歳。こどもが娘さん１人だった増田さんは私を息子か孫のように見ていてくれたと思う。出向して３年が経った１９６５年、「ぼちぼち住友の仕事もせないかんな」と増田さんから言い渡され、私は住友商事へ復帰する。

# 8

# 住商へ復帰

## パルプ始動、直後に「事件」

１９６５年（昭和40年）、３年ぶりに原籍復帰した私の住友商事での最初の仕事は、パルプ事業の立ち上げだった。私の入社時に発足した住商の紙・パルプ部門のうち、紙の方は攝津板紙とのソール・エージェント契約で形がついたが、パルプの方は３年経っても仕事がない状況だった。

国内のパルプ会社から相手にされないなら海外に望みを託そうと、２年前の63年に東京事務所を開設したばかりの米林業大手ウェアーハウザーにアプローチし、取引を始めた。１９００年に創業した同社は米国北西部ワシントン州に本社を置き、全米に１３２０万エーカー（約５３０万ヘクタール）の商業用森林を有する。九州と四国を足し合わせた広さにほぼ匹敵するというから、大したスケールだ。

日本とのビジネスの始まりは１９２３年（大正12年）９月に起きた関東大震災。復旧に必要な大量の木材を日本に輸出したことがきっかけだった。

余談になるが、２０１６年にウェアーハウザーは木材パルプ事業を世界最大手の米インターナショナル・ペーパーに売却してしまったが、今でも米国屈指の林業会社として存在感を発揮している。私は半世紀を超える付き合いで培った縁を大切にしてきた。現在ハワイに工場を持つレンゴー・パッケージングのジム・ケラー前社長はウェアーハウザーの出身である。

パルプ事業がなんとか緒に就いた頃、攝津板紙の増田社長から、ある段ボールメーカーで労働争議が起きて大変だから手伝いに行ってほしいとの要請を受けた。外部の活動家に労組がオルグされ、工場はロックアウト状態となり、生産停止に追い込まれてしまったという。その会社が聯合紙器（現在のレンゴー）だった。

## 聯合紙器の創業者、井上貞治郎

聯合紙器の創業者、井上貞治郎は１８８１年（明治14年）、兵庫県揖保郡上余部村（現在の姫路市）の農家長谷川家の三男として生まれた。２歳の時、村内で遠縁にあたる井上家の養子となったが、苗字が変わっただけで、引き続き実の両親の下で育った。

生家の長谷川家は３町歩（約３万平方メートル）の田畑を持ち、数頭の牛も飼う裕福な農家だった。少年時代は腕白で喧嘩もよくしたが、学校の成績も良く、尋常小学校（４年制）を経て、村で初めて高等小学校（２年制）に進学したことで地元では有名になった。

ただ、本人は中学校への進学を希望したが、「農家の子は学問よりも仕事」という父親を説得できず、高等小学校を卒業すると、まず家業の農業に従事し、その後商家へ奉公に出ることになる。

神戸の雑穀問屋「座古清《ざこせい》」へ丁稚奉公に出たのは１８９５年８月、貞治郎14歳の夏である。街中はこの年４月に終わった日清戦争の勝利にまだ沸いていた。生まれ故郷の播州から神戸へ蒸気船で向かった貞治郎は、この時の心境を次のように回顧している。

「次第に小さくなって行くふるさとの山をながめながら、『えらくなるまでは帰らんぞ』。私の心は武者ぶるいするほど希望にふくらんでいた」（１９５９年６月28日～７月17日掲載「日本経済新聞　私の履歴書」より）

しかし、「座古清」での丁稚奉公は、期待に反して子守や買い物などの雑用ばかりで、商いの道を教わるどころではなかった。１年間は辛抱したものの、のれん分けまで20年はかかると言われて退転を決意。まず神戸・三宮の洋紙販売店の住み込み店員となった後、石炭仲買人や馬糧商など職を転々とし、さらには日本を飛び出し、朝鮮、満州、上海を放浪したという。

27歳で帰国した直後、東京・上野公園で満開の桜の木の下、「まだ人生半ばだ」と再起を誓う。この決意の日、１９０９年４月12日をレンゴーは創立記念日としている。

貞治郎は隅田川のほとりの道具屋で手動の段ロール（段ボール製造機の原型）を見つけたのをきっかけに国内では誰も手がけていなかった段ボール製造の起業を思い立つ。この年８月、品川に「三盛舎」（後の三成社）を設立し、20年には主要取引先だった東京電気（東芝の前身）の支援を受け、同業の５社が統合し「聯合紙器」が誕生した。

東京・中之郷元町（現在の墨田区吾妻橋）にあった三成社（1913年頃）

## 「きんとま」哲学

話は少し横道にそれるが、聯合紙器の創業50周年にあたる１９５９年、大阪の朝日放送制作の「流転」というテレビドラマが放送されて大ヒット。翌年には映画化もされて反響を呼んだが、これは井上貞治郎の波乱万丈の生涯を題材にした作品だった。

貞治郎は自身の経営哲学を「きんとま」という言葉に凝縮し、『きんとま一本杉』『きんとま随筆』などそれを冠名にした回顧録やエッセイを残している。「流転」のヒットに触発されて大阪の毎日放送が63年に放送した、貞治郎の生涯を描いたテレビドラマのタイトルは「きんとま一代」。ちなみにこのドラマは若き日の向田邦子（１９２９〜81年）が脚本に参加し、主演の森繁久彌（１９１３〜２００９年）が自ら演出した力作だった。

「きん」はおカネと、金鉄のように固い意志を表し、「と」は英語のand、「ま」は真心の〝真〟や空間・時間の〝間〟を意味する。すなわち、おカネを握ったら死んでも離すな、そして金鉄の意志と真心でタイミングを逃さず行動せよという商売の鉄則である。レンゴーには創業以来この「きんとま」哲学という理念、行動基準が脈々と流れている。

聯合紙器の創業者・井上貞治郎

著書『きんとま随筆』

## 泥沼、労使紛争打開へ乗り込む

増田さんの要請で私がストライキ中の聯合紙器へ乗り込んだ際、労務担当常務として泥沼の争議の打開策に取り組んでいたのが、後にレンゴー（１９７２年に聯合紙器から社名変更）の社長となる長谷川薫さんである。

長谷川さんは、貞治郎の５歳下の弟で戦前聯合紙器の常務取締役兼名古屋工場長を務めた長谷川進氏の次男。苗字こそ違ったが、会社を起こした井上貞治郎に連なる創業ファミリーの一員だった。

混迷を深める労使紛争に手を焼いた長谷川さんは、労務対策を日本生産性本部に委ねた。１９５５年に発足した生産性本部は、経営者・労働者・学識経験者の三者構成で、バランスを重視した中立的立場のシンクタンクである。聯合紙器は生産性本部の指導に沿い、労使協調路線の新労組をつくって旧労組から引き離す分断工作を展開。結果として労使紛争は収まったものの、随分と時間を要した。

まだ20代半ばだった当時の私の目からも、聯合紙器は隙《すき》の多い会社に見えた。５社統合による聯合紙器誕生を後押しした東京電気はその後も経営に大きな影響力を持ち、戦後になると、東京電気に代わって東洋製罐が大株主として君臨。政財界の重鎮・高碕達之助（１８８５～１９６４年）が創業した東洋製罐は積極的な株式投資でも知られ、虎視眈々と勢力拡大を狙う油断のならない相手だった。

63年11月に創業者の貞治郎が亡くなると、経営陣の求心力が低下して権力の空白が生まれ、そこを急進派の労組が突いてきたというのがこの時の大争議の背景でもあった。

一方、段ボールの原紙を手がける増田さんはライバルの本州製紙（96年に新王子製紙と合併、現在の王子製紙）や大昭和製紙（２００１年に日本製紙へ経営統合）などを押しのけ、攝津板紙を聯合紙器のメイン・サプライヤーにしようと戦略を練っていた。この後、私は聯合紙器、攝津板紙、東洋製罐の三つ巴の争いの渦中に巻き込まれていく。

# 9 再編への序章

## 3社入り乱れ勢力争い

戦後、聯合紙器の大株主となった東洋製罐は、前述のように、大阪・高槻出身の高碕達之助が米国やメキシコで習得した缶詰や製缶の技術をもとに1917年（大正6年）に立ち上げた。同社の事業は、社名に由来する罐（金属製容器）の製造にこだわらず、戦後になると合成樹脂や紙器など包装材全般に事業領域を広げていった。その中で、聯合紙器との関係構築も着々と進めていった。

聯合紙器は1949年（昭和24年）5月に大阪証券取引所に株式を上場し、続いて翌50年2月には新株を上場した。東洋製罐が聯合紙器の株式を取得したのはこのタイミングだったようだ。

その年度末、つまり50年３月末には系列の東罐商事が聯合紙器の筆頭株主となり、６位の東罐化学工業、７位の東罐樹脂工業と合わせて持ち株比率は14・５％に到達（この３社は社名変更、合併などにより現在の東罐興業）。10年後の60年３月末には東洋製罐グループが27・３％の株を押さえるに至った。２位株主が住友生命保険（発行済み株式の７・３％）、３位が創業者（当時社長）の井上貞治郎（６・９％）だったから、圧倒的な筆頭株主といえる。

62年には高碕達之助が聯合紙器の取締役となり、２年後の64年２月に達之助が亡くなると、５月には長男の高碕芳郎さん（１９２０～２０１１年）が取締役、後にレンゴー社長となる加藤禮次《れいじ》さん（１９１５～86年）が専務として東洋製罐から送り込まれてきた。

片や聯合紙器では、63年11月に井上貞治郎が亡くなって、創業家の求心力低下は避けられず、筆頭株主である東洋製罐の影響力が色濃くなっていった。

# 住友銀行の西川善文さん

ちょうどその頃、攝津板紙に出向していた私のところへ、住友銀行の経営企画担当者が紙・パルプ産業のことについて教えてほしいと訪ねてきた。後に頭取となる西川善文さんである。

生まれは西川さんが1年早いが、早生まれの私とは同学年。互いに入社2~3年目で、まだ下っ端だったとはいえ、私は攝津板紙で仕込まれた知識や経験を大いに語った。一方の西川さんといえば、口数は少なく、その姿勢は後に頭取となってからの謹厳なイメージと少しも変わらなかった。西川さんとの長い付き合いはこの時から始まる。

おそらく当時の住銀は、高度経済成長下で事業拡大が著しい紙・パルプ業界の再編、今で言うならM&A（合併・買収）の動きが今後不可避になると見て、それに備えた業界動向調査を始めていたのだろう。

ただ、住銀にとって悩ましかったのは東洋製罐、聯合紙器、攝津板紙の3社はいずれも取引先であり、特定の1社に肩入れできなかったことだろう。この紙・パルプ業界の再編問題に住銀が本格的に介入してくるのは、１９７７年に磯田一郎頭取（１９１３〜93年）が就任してからとなる。

## レンゴー、摂津板紙と取引全面停止

１９７２年１月、聯合紙器は「総合包装企業への脱皮」を目指し、社名をレンゴーへ変更した。商号を変える決断をしたのは亡くなった井上貞治郎から社長を引き継いだ山野種松さん（１９０６〜95年）だったが、70年の大阪万博後の景気の急速な冷え込みで段ボール事業の業績が悪化し、その責任を負う形で山野社長は任期途中の73年２月に退任。東洋製罐出身の加藤禮次さんが後任の社長となった。

自社出身の社長を送り込んだことで、レンゴーにおける東洋製罐の影響力はますます強まったが、そこにくさびを打つような動きをする人物が登場する。それが摂津板紙の創業者・増田義雄さんの娘婿である増田芳久さんだった。

53年に東大農学部を卒業し、銀行勤務を経て摂津板紙へ入社した芳久さんは、その経歴が示すようにファイナンスに一家言あり、現場第一だった岳父の義雄さんとは対照的に財

# レンゴー株式会社でスタート！

レンゴー株式会社

RENGO CO. LTD.

## 今年1月からレンゴー株式会社

昨年8月より社名変更について検討を重ねてきましたが、去る11月25日の株主総会において正式に「レンゴー株式会社」と社名を変更することが決定し、本年1月1日から実施にうつされました。

気分を一新し、フレッシュな感覚で、レンゴーの未来を築いていこうではありませんか。

（本社のネームプレートを取りかえる。左から井上常務、尾崎総務部長、渡部総務課長の社名変更委員会のメンバー）

1972年１月、聯合紙器からレンゴーへの社名変更を伝える社内報テク投資に熱心だった。

義雄さんは78年3月に代表権のない会長に退き、芳久さんが後任の社長に就任。名実ともにトップの座に就いた芳久さんは東洋製罐に対抗してレンゴー株の買い集めを始める。摂津板紙によるレンゴー株の大量保有が明らかになったのは83年春。８００万株強を買い集めた摂津板紙は持ち株比率７・４％で一躍３位の大株主に躍り出た。

芳久さんの不意打ちともいえる株の買い集めに対し、東洋製罐から派遣されていたレンゴー社長の加藤さんは当然のことながら激怒し、摂津板紙との取引の全面停止を決断する。当時、段ボール原紙を中心にしたレンゴーと摂津板紙の取引は月間６０００～７０００トン。両社の間を取り持つ住友商事は金額にして４億～５億円の取引高を失うことになり、担当の私は真っ青になった。

# 10 カエルと蛇

## 株式取得合戦、過熱の一途、収拾に奔走

レンゴーによる摂津板紙との取引停止を、私は指をくわえて見ていたのではない。両社の仲を取り持とうと、レンゴーの加藤禮次社長と摂津板紙の増田芳久社長のトップ会談の場を設けたこともあった。

だが、2人とも心の中は相手に対する不信感に満ちており、聞く耳を持たなかった。互いに譲歩するどころか、逆にレンゴーは、自社株の大量買いへの報復に摂津板紙の株を700万株も買い集めるなど、事態はどんどんエスカレートしていく。

芳久社長の舅《しゅうと》である義雄会長は健在だったが、すでに80代後半の高齢だったこともあ

り、婿の経営方針に口を挟むことはなくなっていた。

打開策を探ろうと私はレンゴー側にも働きかけたが、加藤社長は、真っ向から拒絶はしないものの、本音をなかなか口にしない人で、間に立つ私は妥協の糸口を見つけられないでいた。

加藤社長が私の働きかけに応じなかったのは、攝津板紙に3年間出向し、創業一族の増田家の歴代社長と親密な関係を築いていた私を警戒していたことも背景にあったと思う。確かに私は増田ファミリーと親しかったが、かといって関係の濃淡をつけないように絶えず気を配り、東洋製罐から送り込まれた加藤社長ともコミュニケーションは欠かさず、食事を共にする機会も多かった。

ただ、レンゴーのためには東洋製罐の子会社となるよりも、独立を維持していく方が会社は強くなると確信していたことが、私の言葉の端々ににじみ出ていたのかもしれない。というのも、世界最大手の製紙会社である米インターナショナル・ペーパーをはじめ、海外の有力製紙会社はいずれも素材から最終製品までの一貫生産を手がけるメーカーだったからだ。

缶詰生産から事業を立ち上げた歴史を持つ東洋製罐は、素材である鉄板を外部調達し、それを成型して出荷する加工メーカーとして自らを位置づけている印象が強かった。製紙分野でも子会社の東罐興業が１９５２年（昭和27年）から段ボール生産を始めるなど、包装材全般を手がけようという横の広がりへの意識は感じられたが、素材である原紙の製造に手を伸ばす縦のラインの強化には関心がないように見えた。

一方、東洋製罐とレンゴーという大会社に喧嘩を売った形の芳久社長は、大手銀行に籍を置くバンカーだった経歴を持つ自信からなのか、株の買い占め合戦に臨んでも少しも臆することがなく、レンゴー株を買い集める自分の戦略を「カエルが蛇をのむ」と表現していた。

芳久社長の策士ぶりは、一見派手な投資を行う傍ら、メインバンクである住友銀行の磯田一郎頭取の元に足繁く通い、資金の使い途や思惑などを逐一報告していたことからも窺えた。

## 「磯田裁定」

結局、トップ同士の感情的な対立にまで発展したレンゴーと攝津板紙のつばぜり合いは、住友銀行が仲裁に乗り出したことで、ようやく関係修復の緒に就く。その仲裁に際し、頭取自ら指揮をとったことから関係者の間では「磯田裁定」と呼ばれた。

その「磯田裁定」が下ったのは１９８４年５月初め。前年末時点で攝津板紙が保有していたレンゴー株約１６００万株（発行済み株式の約15％）、レンゴーが保有していた攝津板紙株約７００万株（同約８％）を両社がそれぞれ５００万株まで減らすというのが骨子。さらに、攝津板紙が手放すレンゴー株を住友商事が引き取ることも盛り込まれた。

レンゴー株の買い取りについて、住商社内の稟議を通すのは紙・パルプ部門の担当者である私の仕事だった。だが、当時東洋工業（現在のマツダ）の再建を巡り、住銀と住商の間には軋轢《あつれき》があり、住商社内では「磯田裁定」に対する感情的な反発も少なくなかった。私は「レンゴーにとっても住友商事にとってもプラスになることだから」と懸命に説得し、なんとか納得してもらった。

### 摂津紙・レンゴー

## 株式取得合戦に幕

### 500万株ずつで決着

株式買い増し合戦で市場の話題を集めていた段ボール中しん原紙トップの摂津板紙と段ボール最大手のレンゴーが、相互の持ち株数を五百万株とすることで合意し、これを上回る保有株を売却したことが、このほど明らかになった。

相互の株集めが本格化したのは昨年春。摂津紙がレンゴー株を昨年三月末時点で八百万株余（発行済み株式数の七・四%）も保有していたことが判明し、これに対抗する形でレンゴーが摂津紙株を大量に買い始めたのが発端となった。買収合戦は両社株の急騰も交えながらその後次第にエスカレート、昨年末には互いに相手の株を摂津紙が一千八百万株、レンゴーが七百万株を保有するまでに至っていた。

今回の決着は、両社のメーンバンクである住友銀行が間に入って実現したものだが、「それぞれの分野で主導権を持つ二社がこれ以上争いを続ければ業界にとってマイナス」（摂津紙・西川取締役）という判断が両社を歩み寄らせたという。レンゴー側でも「これで両社の取引関係が正常化するだろう」（米山常務）とホッとした表情。

ただ、この騒ぎのもともとの火種となった摂津紙によるレンゴー株の買い集めが、単なる純投資なのか、原料の販売先への影響力強化をねらったものなのか会社側が明言を避けているだけにもう一つはっきりしない。

それだけに、市場の一部では「これでジ・エンドとはいかないのでは……」と、争いの再発を期待（?）する声も出ている。

株式取得合戦の決着を報じる1984年5月9日付日本経済新聞

だが、これで一件落着とはならなかった。「磯田裁定」にはさらに隠し球があった。レンゴーは5月28日の取締役会で加藤社長の退任（会長就任）を決める。後任は創業者・井上貞治郎の甥にあたる副社長の長谷川薫さん。11年ぶりの生え抜き、しかも創業家出身の社長の誕生だった。

# 11

# 転換点

## 生え抜き、長谷川社長誕生

「レンゴーの社長をいつまでも東洋製罐から出すわけにいかんだろう」

住友銀行の磯田一郎頭取のこんな発言を私に電話で伝えてくれたのは、摂津板紙の増田芳久社長だった。

互いの株を買い集めたレンゴーと摂津板紙の対立を仲裁した「磯田裁定」が下った前後、増田社長が磯田頭取から直接聞き出したコメントだった。

具体的には、先に触れたように、東洋製罐からレンゴーへ送り込まれ、１９７３～84年（昭和48～59年）の11年間社長を務めた加藤禮次さんに代わり、創業者の甥で生え抜きの

増田義雄氏（右）の「労をねぎらう会」で挨拶するレンゴーの長谷川薫氏（1978年）

長谷川薫さんを後任の社長に据えるという、衝撃的なトップ人事を示唆していた。

トップシークレットをひそかに耳にした私はさっそく、長谷川さんに電話でこの発言を報告した。伝え終わると「そうかっ、ありがとう！」という長谷川さんの弾んだ声が受話器から聞こえてきた。

後に振り返ってみても、このトップ人事がレンゴーの経営の転換点になった。

長谷川社長が正式に誕生したのは84年6月。代表権のある会長になった加藤さんはわずか2年後に亡くなってしまう。東洋製罐社長だった高碕芳郎さんがその後も非常勤取締役の座にあったものの、レンゴーに対する筆頭株主としての影響力は明らかに低下し、代わりに住友色が強くなっていった。

## 安宅産業の破綻

実は、レンゴーを住友に近づける出来事がもうひとつあった。

安宅産業という住友系の総合商社をご記憶の方もまだ多くいらっしゃると思う。住友商事発足の経緯のくだりでも言及したが、高度経済成長期の日本企業が世界に羽ばたくのに貢献した「十大商社」のひとつである。

創業者の安宅弥吉（１８７３〜１９４９年）は幕末維新の混乱が残る明治６年、石川県石川郡上金石町（現在の金沢市）で金融業や肥料販売などを広く手がけていた父・又吉の第七子として生まれた。

旧制第四高等中学校（金沢市）を経て、東京高等商業学校（現在の一橋大学）を卒業後、外国貿易で身を立てることを志し、大阪の貿易業「日下部商店」に入社。香港支店支配人として、主に砂糖や鉛、すず、外米（ラングーン米やサイゴン米）などの取引で実績を積んだ。

弥吉が独立し、大阪で安宅産業の前身にあたる安宅商会を立ち上げたのは１９０４年（明治37年）。大正時代末期に八幡製鐵の指名業者となったことから鋼材部門が飛躍的に拡大する一方、関東大震災後の復興需要で木材や石炭などの取扱高を伸ばした。

また１９３１年（昭和６年）の満州事変以降、日本軍の勢力拡張に乗じて大連をはじめ奉天など旧満州、北京や上海、京城《ソウル》、台北、フィリピン、スマトラ、バンコク、ボンベイ（現在のムンバイ）など海外拠点を次々に確立。太平洋戦争末期には海外に約60店舗、約１２００人の従業員を擁する事業ネットワークを築き上げた。業容拡大に伴い、43年に社名を安宅産業に変更した。

ただ、創業者の弥吉は42年、軍部とのイザコザで社長を辞任して相談役へ身を引き、その後任には次男の重雄氏が就任したが、終戦直後の45年10月に再建復興のための人心一新を理由に社長を退任する。

さらにＧＨＱ（連合国軍最高司令官総司令部）による財閥解体や公職追放を恐れた安宅家は保有する安宅産業株の大半を手放したことから、創業一族は隠然たる影響力を維持していたものの、経営の表舞台に出ることはなくなっていく。

その結果、戦後の安宅産業の経営は「奥の院」に入った創業家と現場を取り仕切る非同族の幹部の間の微妙なパワーバランスの上に成り立っていたが、役員陣内に必然的に発生する派閥抗争による経営の歪みがその後の危機の火種となっていった。

75年、北米での石油開発の失敗で安宅産業の経営危機が表面化する。

米国法人・安宅アメリカが関与していたカナダ・ニューファンドランド島での石油開発プロジェクトが73年の第1次オイルショックで大打撃を受け、巨額の損失が発生する。

契約締結当時の安宅アメリカ社長の独断専行が問題視されたが、そもそもは不仲とされた当時の会長と社長の勢力争いが背景にあった。

巨額損失による信用不安でメインバンクの住友銀行の管理下に置かれた安宅産業は、77年に伊藤忠商事に吸収合併された。

## 安宅の子会社、福井化学工業

さて、ここからレンゴーとの関係に話が及んでいく。

伊藤忠に吸収される過程で安宅産業はグループ解体を余儀なくされるのだが、その中に段ボールの中しん原紙（2層になっている表面の間に挟み込む波形の板紙）などを製造する福井化学工業という子会社があった。

この会社は住商の取引先であり、私は専務取締役だった竹内一郎さんとかねて親しく付き合っていたのだが、安宅の破綻が決定的になったある時、こんな相談を受けた。

「坪やん、今ウチに本州製紙と大王製紙、それに摂津板紙から買収の打診があるんやけど、どこへ話を持っていくのがええやろか」

私はすぐにこう返した。

「これから先、製紙部門を必要とするのは原紙から一貫生産を目指す会社でしょう。そう考えるなら、レンゴーへ行くべきです」

断言した私は、当時レンゴー副社長だった長谷川さんを紹介。長谷川さんは福井化学の買収に前向きだったが、社長の加藤さんはレンゴーの単独買収では荷が重いと腰が引けていた。

そこで私は住友商事の上司で担当役員だった植村光雄さんと打開策を練ることにした。１９６０年代後半の一時期、住商と安宅産業の間で合併構想が浮上し、合意寸前まで話が進んだことがあったという。

しかし、創業一族である安宅家の反対で破談に終わったといわれていた。経営陣同士の関係は良好で、安宅系企業への支援には住商側も積極的だった。

レンゴーに対し、住商は福井化学の買収費用を分担する案を提示。最終的にレンゴーが75％、住商が25％を出資することで話がまとまり、76年８月に福井化学はレンゴーの子会社となった。

後の話になるが、福井化学は１９９１年（平成３年）10月にレンゴーに吸収合併されている。

金津工場（福井県あわら市）

武生工場（福井県越前市）

旧福井化学工業の流れをくむレンゴーの２工場。後に、吸着素材「セルガイア」（金津工場）、木材由来素材「セロファン」（武生工場）で時代の要請に応えることになる。

## レンゴー中枢部の緩衝材に

住商が出資比率25％の株主になったことで、福井化学の製品を一手に扱えるようになり、私が籍を置く紙・パルプ部門の商圏は一段と広がった。

ただこの頃、レンゴー社内で、取引商社の部長代理や次長に過ぎない分際の私が社長の加藤さんや副社長の長谷川さんの執務室に頻繁に出入りしているのを見て、「レンゴーの経営の中枢へ土足で踏み込んでくるヤツがいる」と良からぬウワサが立ったこともあった。

私は「土足で踏み込んでいる」つもりなど毛頭なく、互いに本音を言わない社長と副社長の間に入り衝突や軋轢を避けるクッションの役割を果たしているのだと、自分なりに解釈していた。

当事者同士が直接感情のままにぶつかり合うよりも、間に〝緩衝材〟があった方がいい。その〝緩衝材〟となることが商社マンの仕事だとも思っていた。

# 12 異才の技術者

## 電光石火、得能さんの眼力

１９７０年代から80年代にかけ、レンゴーは東洋製罐や攝津板紙などの株主問題に悩まされたが、一方で生産設備では独創的な新技術の導入で目覚ましい成果を上げていた。その先導役は大昭和製紙からスカウトされ、最終的に専務取締役にまで昇進して技術陣を引っ張った得能正照さん（１９２３～２０１５年）である。

抄紙機の紙切れを劇的に減らした改良型円網抄紙機「ウルトラフォーマ」をはじめ、段ボール原紙を貼り合わせるコルゲータに取り付けた「オートスプライサ」（原紙自動紙継装置）など、既存技術の常識を覆すような開発を次々に手がけた得能さんは、国内のみならず、海外でも注目を浴びた。

鋭い眼光と反り返った長いもみあげが印象的なその風貌から、海外ではいつの頃からか「タイガー・トクノウ」と呼ばれるようになり、そのニックネームで世界の紙・パルプ業界では広く知られた存在になっていた。

## 朝日製紙、大昭和製紙、そして聯合紙器へ

得能さんは１９２３年（大正12年）12月６日、広島県御調郡三原町（現在の三原市）で生まれた。両親は共に教師で得能さんは長男。備後福山藩の藩校の流れをくむ広島県立福山誠之館中学を卒業後、太平洋戦争が始まった１９４１年（昭和16年）12月に江田島の海軍兵学校に入学する。誠之館中学時代は数学が得意だったが、国語・漢文・英語は大の苦手。それでも難しい兵学校の入試を突破できたのは、海軍が数学を重視していたからだったようだ。

44年３月に海軍兵学校を卒業すると同時に、最初は駆逐艦「野風」、次に潜水艦「波号二三〇」に乗艦。九死に一生を得て、終戦を佐世保の海軍ドックで迎えた。

米技術団体で講演する得能正照氏（写真：段ボール事報社提供）

得能さんのお母さんのよしさんが大昭和製紙の創業者である斉藤知一郎氏（1889〜1961年）の妹だった縁で、お父さんの正親さんは得能さんが中学3年生の時に教師を辞めて大昭和に入社。知一郎氏に「あんたも会社を持て」と勧められ、資金を用立てて「昭和紙製品」という会社を設立し、教師から経営者に転身したという。

戦後復員してきた得能さんも大昭和系の朝日製紙へ入社する。当時の朝日製紙の社長は斉藤信吉さん。知一郎氏やよしさんの弟で、得能さんからみれば叔父にあたる。

現場の第一線で抄紙機を相手に悪戦苦闘していた54年、思い切って米国の最先端の製紙技術を学ぼうと自費で渡米する。

「アメリカの製紙工場を見たら、もう全然レベルが違うんで、びっくりして飛び上がっちゃったんです」と後に自叙伝で得能さんは振り返っている。

ところが、いろいろ勉強して帰国したら、会社の許可を得ていなかったことを理由に解雇されてしまう。

理解のない朝日製紙の上司に愛想を尽かした得能さんは、事情を聞いた知一郎氏に命じられて大昭和本体に移籍し、吉永工場（静岡県富士市）の工場長を任される。

ところがここでも、抄紙機の増設などで実績を上げたにもかかわらず、知一郎氏の長男で大昭和グループの後継者だった斉藤了英氏から唐突に本社勤務を命じられる。技術の現場を離れるという意に沿わぬ異動だったため、得能さんはこれを拒否。対立はエスカレートし、得能さんは辞表を出す決意を固める。

ちょうど大昭和への「退職願」を書いた直後に、聯合紙器の井上貞治郎社長から声がかかったという。絶妙のタイミングでこのスカウト人事をセットアップしたのは、海軍兵学校73期の同期生で、当時聯合紙器の常務取締役だった長谷川薫さんである。

この時、得能さんには本州製紙や凸版印刷、伊藤忠商事などから「ぜひ我が社へ」とスカウトが殺到していたが、その中で聯合紙器を選んだのはやはり海軍兵学校同期の結びつきの強さからだったと思う。

63年に得能さんは聯合紙器に入社した。

## 己を省みる大切さ教わる

私が得能さんと知り合ったのは、静岡県富士市にあった井出製紙という会社を訪ねたのがきっかけだった。すでに大昭和から聯合紙器へ移籍された後のことだったと思う。この井出製紙の創業一族にお姉さんが嫁いでいた関係で技術指導に来ていた得能さんの話を聞くうち、豊富な知識と発想に強く惹かれるようになった。

出向先の攝津板紙から住友商事に戻った私が、紙パルプ課の得意先である聯合紙器に頻繁に顔を出すようになると、得能さんと接する機会がますます増え、技術のことから人間関係に至る様々なことを互いに相談するようになっていった。

得能さんと付き合った中で非常に感銘を受けたことが２つある。「五省《ごせい》」と「瞥見《べっけん》視力」である。

「五省」は海軍兵学校で教えられていた訓戒の言葉。生徒たちは就寝前に頭の中で唱えていたという。

至誠に悖《もと》る勿《な》かりしか
言行に恥づる勿かりしか
気力に缺《か》くる勿かりしか
努力に憾《うら》み勿かりしか
不精に亘《わた》る勿かりしか

分かりやすく言い換えれば、誠実であったか、言行不一致はなかったか、気力は十分だったか、努力を怠っていなかったか、ズルをしなかったか――といったことだ。

得能さんに教えられて以来、私は就寝前の「五省」で一日を振り返ることを今でも習慣にしている。

「瞥見視力」はその名の通り、一瞥したものをすべて脳裏に焼き付ける能力である。潜水艦では潜望鏡を長時間覗いていると敵に発見されるため、潜望鏡を海上に出した一瞬で周辺にいる船の形や進行方向、速力などを見極めなければならない。海軍兵学校でその訓練を受けた得能さんの「瞥見視力」に舌を巻いたことが何度もある。

南アフリカの大手製紙会社ザッピ（ＳＡＰＰＩ）の工場を得能さんと一緒に訪ねた時のこと。ある設備ラインに差し掛かった際、得能さんが突然「急いで歩け」と私の耳元で囁いた。指示に従い、早足で工場を一通り見学すると、得能さんはホテルへ戻り、そのラインの隅々まで完璧な見取り図を描き上げた。

ほんの数秒、横を通り抜けただけで、なぜこれほどの描写ができるのか不思議でしょうがなかった。この図を見せながら、得能さんはこう言った。

「急いで歩けと言ったのは、相手にこのラインに興味があると思わせたくなかったから。こちらの手の内を見せてはならない」

戦後のいち早い経済復興を支えたのは、こうした異才の人たちであるとしみじみ感じた。

# 13 マレーシア赴任

## 修羅場経験見込まれて

「海外で仕事をしたい」という入社時の希望がようやく叶ったのは、入社して四半世紀余りが経った時で、私は50歳の大台に手が届こうとしていた。

その辞令はまたもや突然だった。

1988年（昭和63年）5月、私は住友商事クアラルンプール支店長としてマレーシアへ赴任した。

入社後26年間、紙・パルプ部門一筋でドメスティックなビジネスの世界しか経験のない大坪がなぜ、と誰もが思ったに違いない。

この人事は「わけあり」だった。支店管理職の１人がクアラルンプール近郊の「ゲンティン・ハイランド」と呼ばれるカジノに入り浸り、経理上の問題を起こしていた。上司の支店長は責任を問われ、更迭。さらに支店の体制を抜本的に立て直す必要に迫られたことから、レンゴーの株主問題などで修羅場をくぐり抜けた私が後釜に選ばれたというわけである。

## 現地事情、ライバルに教え請う

英語には自信があったので言葉の問題はなかったが、マレーシアの国情や現地の日本企業の動静などについては当然のことながら白紙の状態。現地の事情通に話を聞くと、マレーシアにおける日本の総合商社で抜群の存在感を発揮しているのは、在任10年を超えるベテラン支店長が君臨する三井物産だと異口同音に言う。

そのベテラン支店長とは鈴木一正さん。１９５７年に三井物産に入社し、69年から７年間クアラルンプール出張所に赴任。この時、パイナップルの缶詰を生産するマレーシア食品工業公社の会長だった、後に首相となるマハティール氏と知り合った。

鈴木さんは缶詰の対米独占輸出権を得るために公社に日参し、品質向上から販売網整備まできめ細かい協力体制を築き、マハティール氏の信頼を勝ち取る。

ある日本のライバル商社が対米独占販売権を１００万ドルで買い取るという破格の条件を提示したことがあったが、マハティール氏はそれまでの三井物産の努力を評価し、この申し入れを断った。

「彼は信義を重んじ、一時の利益で動く人ではない」

この時、鈴木さんはこう確信したという。

76年に鈴木さんは東京へ帰任するが、５年後の81年のマハティール政権誕生を受け、83年にクアラルンプール支店長に就任。84年から亡くなる1年前の２００６年（平成18年）まで23年間、マレーシア日本人商工会議所会頭を務めるなど、現地の日系企業社会では押しも押されもせぬ〝ドン（首領）〟だった。

私はクアラルンプールに着任早々、鈴木さんに面会を申し込んだ。敵を知るには懐に飛び込むしかないという思いからだったが、意外にも、鈴木さんは現地のいろいろな事情を懇切丁寧に教えてくれた。

クアラルンプール支店長時代の筆者（右）と鈴木一正氏（中央）

私の方は、単身で敵情視察に乗り込むような意気込みだったが、鈴木さんにしてみれば、同業の総合商社の中でも「住友商事なら大したことはない」と思っていたのかもしれない。

当時、住友金属工業がマレーシア国営石油会社ペトロナスからパイプライン用鋼管の受注を切望していたが、どう働きかければいいか、見当がつかなかった。同系の商社の現地責任者として、なんとしてもモノにしなければならない案件だった。

私が相談に赴くと、「こんな人がいるよ」「こういうルートを使ってみては」と鈴木さんは惜しみなくヒントをくれた。

## 合弁会社の設立

もうひとつ、私が鈴木さんに深く感謝しているのは、「マレーシアで本格的に仕事をやるなら、リエゾン・オフィス（連絡事務所）ではなく、別の組織をつくった方がいい」とヒントを授けてくれたことである。

マレーシアでは、外国企業がリエゾン・オフィスを開設した際には外国人が現地人の1割しか駐在できないというルールがあったが、現地資本主体の法人を設立すればその限りではない。

そこで住友商事は１９８９年に現地資本が70％、住商が30％をそれぞれ出資する合弁会社「スムール・チャハヤ」を設立。経営陣はマレーシア人主体だが、実際にビジネスを切り盛りするディレクターとして４人の日本人を送り込んだ。

この現地法人化は、結果として大成功だった。「スムール・チャハヤ」を通じ、住商のマレーシアでの事業はエネルギー関連のほか、機械や自動車部品など広範囲に拡大したのである。

## 盆踊り大会で国際交流

当時のマレーシアは、「ルックイースト政策」をはじめ、親日路線のマハティール政権下で日本企業の存在感は高まる一方だった。その象徴が、クアラルンプール日本人会が主催する盆踊り大会である。

浴衣姿の日本人と民族衣装をまとったマレーシア人が一緒に炭坑節や東京音頭を踊るこのイベントは、この時期、年々参加者が増加していた。

鈴木さんに「どこか大きな会場を設営できないか」と依頼された私はいろいろと探索した結果、松下電器産業（現在のパナソニック）の現地工場の近隣に広大な土地があることに目をつけた。日系企業なら話は早い。

許可を得てそこで開催した大会の参加者は約1万人。草の根の国際交流とはこういうものだと実感した。

# 14

# 強気の支店長

## オフィス移転で活気づく

クアラルンプール支店長に着任後、私がまず気になったのはオフィス環境だった。従来の事務所は建物が貧相で老朽化しており、そこで働く従業員の士気に影響しそうだった。そこで、市内中心部にある「UBNタワー」への移転を決めた。1986年に完成したツインタワー（2棟）のひとつである。

この2つのビルはオフィス、住宅、ホテルなどの機能を併せ持つ大規模再開発プロジェクトとして建設された。UBNタワーはオフィス中心、もう1棟にはシャングリ・ラ ホテルが入居していた。日本の大手ゼネコン、大成建設が施工した物件であり、現地で人気の高いビルだった。

住友商事が15階のワンフロアを借り切り、新しいオフィスを開設すると、地元採用の従業員が「シャングリ・ラの隣で働けるなんて素晴らしい」と大喜びし、職場が一気に活気づいた。

この盛り上がりを利用しない手はない。

私は国営石油会社ペトロナスをはじめ、マレーシア重工業公社と三菱自動車の合弁自動車メーカーであるプロトンなど、有力取引先との窓口役を現地採用スタッフに任せてみることにした。

会社同士の関係を築くには、最初は幹部の顔つなぎが重要だが、いったんパイプができれば、日常的なきめ細かい情報交換は現地スタッフ同士の方がうまくいく。

実際、マレーシア人や中国系の現地スタッフが、パイプライン用鋼管や自動車部品などの商談を次々にまとめてくるようになった。

1人がうまくいくと、それが成功モデルとなる。同僚の現地人スタッフが「そうか、ああやればいいのか」と学習し、「次は自分も」と波及効果が生まれてくるからだ。

こうしたクアラルンプール支店の活気が東京の本社に伝わり、「マレーシアはそれほど潜在力のあるマーケットだったのか」と理解が深まっていった。

## 現地スタッフ「差別」撤廃、グローバル企業は柔軟さ必要

その勢いに乗じ、私はさらにもうひとつの改革を打ち出した。本社採用の日本人社員と現地スタッフとの間の「差別」撤廃である。

現地スタッフの活躍の場が広がると、日本人社員と一緒に出張に行く機会も増えていくが、その際の出張手当や宿泊費にかなりの差があった。当時、支店には１２０人の従業員が在籍していたが、そのうち１００人は現地採用のスタッフだった。

現地採用者と日本から赴任している本社採用者が一緒に出張した時、共に食事をしたり、同じホテルに泊まったりすることができないほど、手当に差があった。こうした格差が同じ仕事をしている仲間の一体感を阻害し、心理的な壁をつくるのは必然といえる。

私は採用形態の違いから給与体系が異なることを問題視したのではない。役割が違えば、サラリー（給与）が異なるのはやむを得ない。だが、職務に伴う経費の部類に入るアローワンス（手当）に差をつけるのはおかしい。そう主張したのである。

「社会の多様性を認識した区別（segregation）は許されるが、差別（discrimination）はいかん」というのが私のモットーだった。ところが、東京の本社にアローワンスの一本化を働きかけても、「前例がない」と一向に分かってくれない。

そのかたくなさにしびれを切らした私は「ならばマレーシアだけで単独でやります」と通告し、強引に制度を変えてしまった。

モチベーションの上がった現地人スタッフが２０００億円クラスの大型案件を受注してくるようになり、その効果が明らかになると、その後は誰も異を唱えなくなった。この格差撤廃を成し遂げたことで、ようやく多国籍企業としてのローカライゼーション（現地化）を達成できたと思っている。

グローバル企業が社内のルールをつくる際に必要なのは、それが民族や生活習慣が異なるそれぞれの国に合致しているかどうか、時代の変化とともにズレが生じていないか、そうしたことを常に検証しなければならないということだ。私が前のめりに実行したアローワンスの一本化は、しばらくして全社で採用された。

## プライベートライフ

マレーシアでのプライベートライフの思い出といえば、なんといってもゴルフである。当時はビジネス面でも「接待ゴルフ」は不可欠で、取引先をもてなすために1週間で11ラウンドを回ったこともあったが、さすがにこの時は「しばらくゴルフはいい」と感じた。だが、休日のプライベートのプレーは楽しかった。現地の合板メーカーを創業した佐藤恒雄さんを先生役に「サトウ・スクール」と名づけたゴルフの会があり、名門コースのロイヤル・セランゴールＧＣで毎週土曜日にコンペが開かれた。

佐藤さんは宮崎県延岡市の出身。高校卒業後、合板大手の永大産業に入社し、１９６４年以降、シンガポールや、そのシンガポールと同様に旧英国領のマレーシアで合板工場を手がけた。

78年に永大産業が会社更生法適用を申請し、事実上倒産するが、佐藤さんが経営する現地子会社サザン・クロス・トレーディング（本社クアラルンプール）は逆境を跳ね返して収益を上げ続けた。

マレーシアのゴルフ場で王貞治氏（左から２人目）と筆者（同３人目）

50歳になった84年、佐藤さんは「日本の鎖から解き放たれたい」と自身でサザン・クロス・トレーディングの株式を買い取り、独立を果たした。日本人商工会議所の設立や手狭になった現地日本人学校の移転先探しに奔走するなど、日本とマレーシアの親善や関係強化に多大な貢献をした人物である。

そのロイヤル・セランゴールでの「サトウ・スクール」のメンバーとの楽しい思い出は数多くあるが、中でもクアラルンプールの日本人会の招待で訪れた王貞治さんとプレーしたことは今でも鮮明に覚えている。

その日前半、私は絶好調だった。ハーフのスコアは40で5打差をつけて王さんをリード。ところが後半は50を叩き、36の好スコアで回った王さんに逆転されてしまった。

翌日、日本人会主催の講演会では出席者全員が「巨人の星」を歌った。88年に不本意な形で巨人の監督を退いたばかりの王さんを励まそうと皆が声を張り上げた。幼少期から大の巨人ファンである私にとって、生涯最良の2日間だった。

# 15

# 取締役就任

## 営業を離れ、ソフト部門を底上げ

4年のマレーシア赴任を終え、東京本社へ戻ったのは1992年（平成4年）。6月の株主総会で私は取締役に選任された。当時の住友商事社長、秋山富一さんから「これまで営業ばかりだったが、これからは業務をやってもらう」と命じられた。

新しい肩書は、取締役生活物資統括室長。

私の任務は、従来住商が主力としてきた鉄鋼や機械、化学品といった「ハード部門」以外の分野、例えば、建材、繊維、農水産品、そして紙・パルプなど社内で「ソフト部門」と呼ばれる各事業について、収益力を底上げすることだった。

確かに、営業の第一線からコーポレート部門に移って仕事の内容はガラリと変わった。

## ＭＭ21再開発にゴーサイン

印象的だった案件といえば、まずは横浜市のみなとみらい（ＭＭ）21地区の再開発計画プロジェクト。オフィスビルやホテル、コンサートホールなど、計６棟の建物の総延べ床面積が約50万平方メートルに及ぶ大規模事業である。

私は現地を隈なく歩いてみた。横浜港に面する広大な再開発地区にはかつて三菱重工業横浜造船所や旧国鉄貨物線の東横浜駅などがあり、私が視察した当時は、すでに先行する横浜ランドマークタワー（地上70階建て）などの建設工事が着々と進んでいた。

我々が手がけたのは、「24街区」と呼ばれた地区で、敷地面積４・４ヘクタール、３棟の高層オフィスビルのほか、ショッピングモールやホテル（「パンパシフィック横浜ベイホテル東急」）などを整備する計画だった。約50万平方メートルといえば、東京ドーム10個分に相当する規模で、計画段階では約１万人が働くことになると想定されていた。

住商にとっても、住友グループにとっても関東でのシンボル的なプロジェクトになると判断し、ゴーサインを出した。それまで、住友といえば大阪、関西の印象が強く、横浜での都市開発が首都圏でのイメージ強化に結びつくと期待した。開業は１９９７年。今では「クイーンズスクエア横浜」の名称で親しまれている。

## 「天敵」と呼ばれた２人

私より一期先輩の和田文男さんと取り組んだ製油事業の強化も思い出深い。和田さんは１９６１年（昭和36年）に京都大学農学部を卒業し、住友商事に入社。農水産本部で日本初のスーパーマーケットチェーンの立ち上げに参画するなど、食品流通業界では知られた存在である。

京大ラグビー部出身の和田さんは日本ラグビーフットボール協会副会長を務め、２０１９年（令和元年）に開催されたラグビーワールドカップ（Ｗ杯）日本大会では誘致段階から奔走。マーケット担当理事として協賛企業開拓などで大変な苦労をされた。レンゴーも協力を惜しまなかったことは言うまでもない。日本チームが準々決勝に進出し、観客動員が１７０万人に達するなどＷ杯日本大会が大成功に終わったことは、我がことのようにうれしかった。

その和田さんとは、取締役となる以前から、社内の会議があると互いに丁々発止で持論を展開し、やり合った。

「和田さんのご説はもっともですが……」

「大坪さんはそう仰いますが……」

こんな具合である。周囲は「天敵の２人」と呼んでいたが、実は大の仲良しだった。

住商の傘下にあった吉原製油に出向し、副社長まで務めた和田さんは私と同じタイミングで住商の取締役となり、農水産本部長を委嘱されていた。

この頃、和田さんはホーネンコーポレーション（現在のＪ-オイルミルズ）に狙いを絞り、吉原製油との関係を深める戦略を立案中だった。実現は２００３年（平成15年）になったが、味の素製油を加えた吉原、ホーネンとの３社統合はここからスタートしたといってもいい。

食品・流通分野に精通した和田さんは、私の担当である「ソフト部門」のキーパーソンだったのである。

## 逆さまに押された印鑑

他方、私が例外的に営業マンの立場に戻って取り組んだ案件もあった。そのひとつが紙・パルプ部門の取引先だった丸三製紙（福島県南相馬市）の機械設備更新の件だ。老朽化したマシンを一新するため、百数十億円の設備投資が必要で、主要取引先である住商に是が非でも資金面での支援をお願いしたいとの話だった。

担当の紙・パルプ部長はデューデリジェンス（資産査定）などをもとに行けると判断し、私に協力を求めてきた。

「よっしゃ、分かった」

私は稟議書を片手に関連役員を順次訪問して、説得役を買って出た。

ところが、常務取締役財務本部長の米津武彦さんだけは、

「大坪くん、これはダメだな」

とにべもない。

設備更新で丸三製紙の生産能力は増強されるが、

「それを売り切る販売力があるのか」

と米津さんは疑問を投げかける。

「『売れない』と決めつけるのはおかしい」

私がこう言って「いざとなったら私が全部売り切ってみせます」と大見得を切るのだが、米津さんも譲らない。

「君は今、営業の立場ではないだろう。これから先、人事でどこかへ行くかもしれないじゃないか」

こう言い張って折れないのだ。しかも、それが正論であるから、私の反論も苦しい。

延々と議論したが、らちが明かない。業を煮やした私は結論を急いだ。

「いいですよ、それなら財務本部長の承認は空欄にして社長に持っていきます」

すると米津さんは、

「それほど言うなら判を押すが、私の気持ちはこうだ」

と言い、自分の印鑑を逆さまに押して私に渡した。

やむなくその稟議書を社長のところへ持っていくと、秋山さんはニヤリとし、

「財務本部長の意思はよく分かった。ただ、私の判断でこれはやろう」

現在の丸三製紙

と決断を下した。

米津さんとやり合ったからといって、普段から不仲だったわけではない。むしろ何でも語り合える尊敬する先輩だった。

しかし、仕事は別だ。互いに慮《おもんぱか》り空気を読んだりしない。言うべきことを言い、議論を尽くすことが大切なのだ。

経営トップにとって周囲の忖度《そんたく》は一番の敵。このことはトップに立つと身にしみて分かるようになる。

# 16

# 繊維本部長

## クラシエ発足10周年記念の会で

２０１７年（平成29年）のある日、クラシエホールディングスから私にお呼びがかかった。発足10周年記念の会で私に挨拶をしてほしいとのリクエストだった。

ご存じの通り、クラシエは破綻したカネボウの日用品、食品、医薬品などの事業を引き継いだ会社である。粉飾決算が致命傷になった巨大企業の倒産劇は多方面で様々な波紋を呼び起こし、新会社クラシエは多難なスタートを余儀なくされたが、使命感溢れるリーダーや従業員たちの頑張りで、見事に生まれ変わった。

その記念すべき会での挨拶がどうして私なのか、と不思議な気もしたが、レンゴーにとっても大切なお得意先なので喜んで一言お祝いを申し上げた。

役目を終え、引き揚げようとしたところ、クラシエのさる方から声をかけられた。

「あの時は正しいご指摘をいただき、ありがとうございました」

そうだった。それで思い出した。そして、なぜ私に声がかかったのかも腑に落ちた。

## カネボウ粉飾、当たった勘

1994年6月から3年弱の間、私は住友商事の繊維本部長を務め、その在任中にカネボウとの商談にストップをかけたことがあった。商談の中身はというと、当時カネボウのアクリル繊維の最大の納入先だった「興洋染織」という会社が作る毛布やじゅうたんの販売だった。

カネボウは取引先に対し、これらの商品が「売れている」と説明していたが、詳細を聞くまでもなく「あやしい」とピンときた。今どき、こんな毛布やじゅうたんが飛ぶように売れるものだろうか――。

私は繊維本部の現場に徹底的に調べるように指示を出した。待つこと数日。上がってきた報告を聞くと、勘は当たっていた。「売れている」どころか、在庫の山だったのである。後に報道などで明らかになるが、「興洋染織」が製造した毛布やじゅうたんはまずカネボウが買い取り、手形を振り出していた。カネボウは子会社や我々のような商社を使い毛布やじゅうたんの販売を試みるが、売れずに返品されると、最終的に「興洋染織」が引き取る仕組みだった。

これは、会社Ａ（カネボウ）と会社Ａ′（興洋染織）の間で物品を回転させて売買を装う循環取引のようなものである。粉飾決算でしばしば登場する手法で、私たちは「Ａ＆Ａ′取引」などと呼んで常に監視の目を光らせていた。

売れない品を引き取る「興洋染織」は在庫が膨らむが、カネボウの振り出す手形を換金し資金繰りに充てられるため即座に破綻はしない。

ただ、倉庫に山積みになった商品の存在を隠すために、在庫を別の子会社に付け替えるなど、複数の関係先の決算を粉飾する必要が出てくる。

その結果、「興洋染織」だけでなく、親会社の財務まで蝕んでいき、最終的にカネボウグループ全体の経営破綻にまでつながっていった。これが２００５年に表面化したカネボウ巨額粉飾事件の私なりの解釈である。

## 再生の道筋をつくった人々

クラシエの会で声をかけてくださったのはカネボウＯＢの方だった。当時、住友商事が「興洋染織」関係の取引を打ち切り、その判断を下したのが当時繊維本部長の私だったことを覚えておられたようだった。おそらく後ろめたい取引のカラクリを看破されて忸怩《じくじ》たる思いをされたのではないか。

現在のクラシエを築いた幹部や社員はカネボウ在籍時代、粉飾に手を染めた主流派の言いなりにならず、一線を画していた人たちばかりと伺った。彼らの悔恨と覚悟は、再起の節目を記念する会で、一昔前のカネボウ暗黒時代を知る私に敢えて声をかけてくれたことで、十分に伝わってきた。

末期のカネボウ経営陣に病巣は広がっていたものの、現場の第一線では芯のある人材が育っていたことで、クラシエとしての再生の道筋ができた。本当に良い会社になったのだと実感した。

クラシエ発足10周年記念の会で挨拶する筆者

## 銅地金取引巡る巨額損失の足音

経済事件というものは、時にカネボウのように会社を消滅させ、グループ会社や下請け企業などを含めると、万単位の人々の生活を脅かすことになる。破綻には至らなくても、事件の影響でその後のビジネス人生が大きく変わる人も少なくない。

入社以来、決して平坦ではないサラリーマン生活を送ってきた私だったが、自分の会社に起きた大事件の余波で2度目の海外赴任のお鉢が回ってくるとは夢にも思わなかった。

繊維本部長となって2年余りが過ぎたある日のこと。幹部が出席する会議が終わる頃、当時の非鉄金属本部長が唐突に発言を求めて立ち上がった。

「このたび5億のロスを出してしまいました。皆さんにお詫びします」

こう言って深々と頭を下げた。

その時、私は隣にいた農水産本部長の和田文男さんと、

「一生懸命やっても5億の損が出てしまうことはあるわなあ」

と囁き合ったのを覚えている。

銅地金不正取引事件の舞台となったロンドン金属取引所（写真：ロイター / アフロ）

2人ともてっきり5億は「円」のことだと思っていた。

ところが、後日それが「ドル」だったことが判明する。

さらに損失公表後、それが時間の経過とともに数倍に膨らんでいったのである。

会社を大きく揺るがした銅地金取引を巡る巨額損失事件の始まりだった。

# 17 ロンドン赴任

## 「非常時の男」、事件の舞台に

２０１７年（平成29年）に英国ロンドンを訪問した際、日本大使公邸に招かれたことがあった。

敷地の一角に大きな桜の木が聳え立っている。それを見て「こんなに育ったのか」と感慨深かった。

「この木は20年近く前、私が植えました」

その場に居合わせた人たちに私は語りかけた。

住友商事欧州総支配人としてロンドンに赴任していた当時、日本から訪れた国会議員団

ロンドンの日本大使公邸で国会議員団の案内役を務めた筆者（前列右から３人目）

と一緒に植樹したものだった。

元非鉄金属部長が10年もの間、銅地金のオプション取引や多額の銀行借り入れを不正に続けていた銅地金取引事件。１９９６年６月の公表時、会社の損失は約２０００億円だったが、その後、複雑な取引を手仕舞いしていく中でさらに１０００億円が加わった。

世界を股にかけビジネスを展開する総合商社としてのイメージダウンは避けられず、とりわけ事件の舞台となったロンドンでは取引先の信用回復に加え、スタッフの動揺を抑えることなど、当時の住友商事は現地体制の早急な立て直しを迫られた。

その任務を負い、私がロンドンに送り込まれたのは翌97年4月のことである。

それまでとは畑違いの繊維本部長の仕事に手応えを感じ始めた時期だっただけに、「なんでまた自分が」との思いが強かった。

マレーシア赴任の時もそうだったが、どうも当時の経営トップには「非常時の大坪」というイメージが刷り込まれていたような気がする。

虎穴に入らずんば虎子を得ず――。着任後、そんな思いで事件の舞台となったロンドン金属取引所（ＬＭＥ）を訪ねた。世界の金属相場を動かすこのマーケットで何が起こったのか、現場に入り込み、自分のこの目で確かめたかったのだ。

## 銅地金不正取引の全容把握

ＬＭＥは１８７７年設立。日本では明治10年、西郷隆盛を盟主とした士族による武装蜂起、いわゆる「西南戦争」で国内が大きく揺らいでいた年である。18～19世紀に起きた産業革命によって英国は「世界の工場」と化し、非鉄金属の需要が急増した。銅やすずは国内生産では間に合わなくなり、南米やアジアからの大量輸入が始まった。

それまで英国における非鉄金属取引は、仲買人がロンドンのコーヒーショップやパブなどに集まり、売買情報を交換し、取引をするスタイルが中心だった。だが、産業革命の進化に伴い非鉄金属の市場が世界規模へ拡大すると、売買や受け渡しの頻度が飛躍的に増え、旧来のスタイルでは取引を十分にさばけなくなっていく。

また、南米やアジアなどから船で銅やすずを運ぶには長時間を要し、その間に否が応でも価格変動リスクが生じる。そこで売り手と買い手、双方の価格変動リスクを回避する仕組みづくりが求められるようになった。

その解決手段が取引所の設立だった。仲買人たちが集まり一連の取引を集中的にさばく場としてＬＭＥを立ち上げ、さらに船が外洋から到着する前に積み荷の商品を売買する「先物市場」としての機能も果たす。

ＬＭＥでは１８７７年の発足時に銅とすずがまず上場され、１９２０年に鉛と亜鉛、78年にアルミニウムといった具合に地金の上場商品を増やしていった。

ただ、住友商事の銅地金不正取引事件が起きた当時のＬＭＥはまだ19世紀以来の重々しい雰囲気が漂い、事件の余韻もあって外部からは「伏魔殿」のような印象を持たれていた。また、取引には長い伝統を持つ慣習があり、その複雑な仕組みは、すぐに理解できるほど甘いものではなかった。説明を受けても、業界人特有の専門用語を英語で早口にまくし立てられては、とても付いていけない。後日出直し、専門の通訳を同伴したことで、ようやく事態がのみ込めるようになった。

以下は私なりの推論である。相場用語のロング（買い）とショート（売り）をご存じの方も多いと思う。日本の代表的な総合商社が大規模な売買に関わったとしても、単純にロングとショートの取引を繰り返すだけなら、これほどの損失を被ることはなかったはずだ。

事態が予想外の方向へ進んだのはオプション取引に手を出したからだろう。つまり、ロングとショートという現実の世界から、プット（売る権利）とコール（買う権利）が交錯する予測の難しい未来を占う世界へ舞台が広がったのだ。

オプション取引では、権利の買い手が売り手に支払う「プレミアム」と呼ばれる手数料が発生する。売り手は前もって手数料を受け取れる。これを利益計上し「儲かった」と喜んでいると、読みが外れて相場が動いた場合に大変なことになる。その大変なことが現実に起こったのが銅地金不正取引事件だった。

オプション取引を否定するつもりはない。リスクヘッジの手段としての重要な役割は十分認識している。ただ、そこへ参加するなら、相場というものの恐ろしさを知り尽くしていなければならない。

とりわけ、世界の非鉄金属取引を席巻するＬＭＥでオプション取引をやるなら、責任を負える立場の人間が数年間は腰を落ち着け、相場の流れをすべて把握しておく必要があったのだ。

## 「現場にこそ真理あり」

銅地金不正取引で起きた全容を自分なりに理解した時、私が信条としてきた「現場にこそ真理がある」との思いを一段と強くした。

いかなるビジネスも、現場を知らなければ始まらない。その場所の空気を吸うだけで、それまで見えなかったものが見えてくることが必ずある。

この「現場」という日本語のニュアンスをロンドンのオフィスで働く部下たちに説き明かしたかったのだが、正確に伝える英語がなかなか見つからなかった。

そこで私は、海外ではこんな言い回しで思いを伝えるようにした。

「ブーツ・オン・ザ・グラウンド、ショウ・ザ・フラッグ」

(Boots on the ground, show the flag.)

前段の「ブーツ・オン・ザ・グラウンド」は、２００３年のイラク戦争開戦直後、当時の米ブッシュ政権が日本政府に対し「地上部隊を送れ」と要請した際に使われたフレーズとして知られるが、大坪流では「地に足をつけ、そこで旗を掲げろ」という意味合いを持たせた。

ロンドンの住商のオフィスでこの言葉を発すると、最初は戸惑っていたスタッフも、繰り返すうち、次第にうなずいてくれるようになった。

# 18

# 2つの肩書

## 戦略部署を厚く、成長の礎に

ロンドン着任当時の私の肩書を正確に記すと、常務取締役欧州総支配人兼欧州住友商事会社社長。分かりやすくいうと、支社長と現地法人トップを兼務しているようなもので、激務といえなくもないが、まったく身が持たないというほどでもない。

それよりも、肩書に従って同じビル内にそれぞれ別個にオフィスがあり、部下のスタッフも総支配人付きと社長付きに分かれている。その効率の悪さが目に余った。なにしろ、私自身が案件の中身によって、「これは総支配人室で」「次は社長のオフィスで」とあっちへ行き、こっちへ行きしなければならなかったのだ。

不合理が目につくと、黙ってはいられない性分。すぐに双方のオフィスを統合し、スタッフも配置転換してビジネスの最前線の人材を強化した。

当時英国内にいた住商のスタッフは日本人社員が約100人、英国人社員が約250人、そして欧州各国の出身である外国人社員が1000人近くに達するという大部隊だった。非効率だった配置を見直し、必要な部署へ人員を投入できたことで、その後の欧州事業の成長につながったと思っている。

一方、英国以外の欧州約20カ国・地域にあった住商の拠点に対しては、ビジネスの発掘に全力を注ぐように指示を出した。

当時、欧州連合（EU）の統合の動きが加速していた。1993年11月に発効したマーストリヒト条約の下で欧州の市民権が確立し、EU域内における自由な移動と居住の権利が認められ、さらに99年1月にドイツ、フランス、イタリアなど主要11カ国で共通通貨「ユーロ」の使用が正式にスタート。米国に対抗し得る有力な経済圏として「ユーロ圏」が誕生し、ヨーロッパの各地で新しいプロジェクトが立ち上がりつつあった。

欧州各拠点の責任者には、ロンドンへの細かい報告書は不要とし、代わりに私が現地へ出向くと宣言した。そのために、ロンドンのオフィスで私の不在中に代理を務める優秀な人材を東京の本社から一本釣りし、欧州住友商事会社の副社長に据えた。江戸時代の大名家でいえば「留守居役」に匹敵する。

おかげで私の活動範囲は大きく広がり、欧州各国・地域への頻繁な訪問が可能になっただけでなく、先に触れたＬＭＥで詳しい調査に取り組む時間も確保できるようになった。

## ＢＰと長期契約、助け合う心共有

ロンドンでの私の在任中、印象に残ったプロジェクトのひとつに、旧英国国有石油会社の流れをくむブリティッシュ・ペトロリアム（ＢＰ）との間で１９９９年に結んだ石油輸送用鋼管の長期一括契約がある。

住友金属工業が和歌山製鉄所で製造するシームレスパイプ（継ぎ目無し鋼管）などを供給する内容だった。

当時住金副社長（２０００年に社長）だった下妻博さんとは、クアラルンプール支店長時代の項で触れたマレーシア国営石油会社ペトロナスとの商談をまとめて以来親しくしていたが、この時も非常に喜んでくれた。

当時ＢＰを率いていたジョン・ブラウン社長兼最高経営責任者（ＣＥＯ）とは交渉の過程で意気投合した。

１９９０年代前半、ＢＰは巨額の赤字を計上し、経営不振から数千人を解雇する苦境に立たされていたが、95年にブラウン氏が社長兼ＣＥＯに就任して以来、業績は劇的に改善していた。２００７年にブラウン氏が引退するまでに同社は、株式時価総額世界第1位の座を長く保っていた米エクソンモービルに次ぐ、第2位の石油メジャー（国際石油資本）として立ち直った。

そのブラウン氏の発した言葉で、私の心を揺さぶったフレーズがある。

「ピア・アシスト」

ピア（peer）とは同僚、仲間、友人を指し、アシスト（assist）はよく知られているように手助けや援助の意で、サポート（support）のような形式ばった支援とはニュアンスが異なる。要するに「仲間の手助け」といった感じである。

当時ＢＰは、スコットランド地方アバディーン市の沖合で英蘭系シェルや米エッソ、三菱石油（新日本石油を経て、現在のＥＮＥＯＳ）などと、新たな北海油田の共同開発を進

住友商事欧州総支配人時代にロンドンのボンド・ストリートで

めていた。

海底油田の開発では「リグ」と呼ばれる海上に設置する掘削装置が不可欠だが、そのリグで日々発生する課題をロンドンのオフィスがすべて管理できるはずがないとブラウン氏は判断した。

それよりも専門分野の異なる現場スタッフ同士で知恵と知識を結集し、課題解決に取り組んだ方がはるかに効率的だと考えたのである。アラスカを振り出しにＢＰの原油開発畑一筋に歩み、現場の事情に精通していたブラウン氏ならではの戦略である。

部門の壁を越え、過酷な作業の第一線で働くスタッフの力を結集することを表すキャッチフレーズが、「ピア・アシスト」だった。

言うまでもなく、これは「現場にこそ真理がある」という私の信条にピタリと重なる。ブラウン氏に大坪流の「ブーツ・オン・ザ・グラウンド」の思いを伝えると、我が意を得たりとばかり、満面の笑みになった。

# 19

# セッツの危機

## 孤高の経営

私のロンドン駐在は１９９７年（平成9年）４月から２０００年までの３年間である。銅地金不正取引事件後のロンドンオフィスの体制立て直しやＥＵ全域での事業拡大など、住友商事欧州総支配人としての職務は順風満帆だった。

一方、日本では私の古巣の紙・パルプ部門で悩ましい問題が起きていた。１９８６年（昭和61年）に摂津板紙から社名変更したセッツの経営危機である。

私が住友商事に入社してわずか2カ月後に出向した有力な取引先であり、創業者の増田義雄さん、その婿の芳久さんの歴代社長と親しい関係にあったことは、これまでの項で何度か触れた。

芳久さんが社長に就任したのは78年、当時50歳の新進気鋭の経営者だった。この頃の紙・パルプ業界は大半のメーカーが設備投資競争に走り、借金を厭わず、財務体質にも無関心だった。会社が借金漬けになっても、市況が好転すれば収益は上がる。

そんな中、芳久社長は元銀行マンらしく、マスコミのインタビューではこんな辛口のコメントを発していた。

「市況産業の経営には落とし穴がある。経営が拙《つたな》くても市況が良ければ儲かるから、それが実力だと思い込んでしまいがちだ」

「我が社は悪い時に合わせて、自前の経営、自己責任の経営をやっている」

実際、社長就任5年後の83年3月期の財務状況をみると、自己資本比率は同業他社が概ね12％程度だったのに対し、摂津板紙は60％超の高水準。業績の改善とともに借入金を減らしていき、金融収支では業界唯一の黒字会社となっていた。

70年代の半ば以降のオイルショック不況時、泥沼の不況に陥った紙・パルプ業界の各社は業界ぐるみで設備廃棄に踏み切ったが、摂津板紙はこの構造改善事業に参加しなかった。先代の義雄さん以来の伝統ともいえる「孤高の経営」を、摂津板紙は貫いていたのである。

## バブル崩壊で財テク失敗

ところが、こうした堅実路線は、時代の流れによって激変していく。1980年代後半、日本経済を沸騰させたバブル経済が世の中を一変させたのだ。

あれほど「自前の経営」「自己責任の経営」を声高に主張していた芳久さんが、空前の財テクブームに乗り、転換社債やワラント債を次々に発行。社名がセッツと片仮名に変わった頃から、1000億円前後の資金を株式運用やM&Aに投じるようになった。

一時は金融部門が製紙部門を上回る利益を上げたこともあったものの、国全体が相場の上昇に陶酔する宴は長くは続かない。90年3月、大蔵省（現在の財務省）が打ち出した不動産融資の総量規制によってバブルが弾けると、大盤振る舞いのツケが回ってくる。

この時期、セッツの営業利益、つまり本業で稼ぐ利益は約76億円だったが、一方でその2倍を超える160億円もの特定金銭信託（特金）を契約し、株式運用に手を染めていた。

バブル崩壊で株式相場が急降下すると、ひとたまりもなかった。

91年3月期単体決算で、セッツは株式評価損と処分損で合計82億円の損失を計上し、61年の株式上場以来初の赤字決算となった。

## 社長の芳久さん、諦観の引責辞任

社長の芳久さんはこの年6月に引責辞任し、その後任に尼崎工場長などを務めた鎌田利雄さんが就任する。さらにメインバンクの住友銀行から経理・財務担当専務が送り込まれ、財テク失敗の後処理に当たることになった。

住友銀行がセッツの財務再建に役員を派遣したのは、銀行自身が財テクに深く関与してきたからだった。芳久さんと同行頭取、会長を歴任した磯田一郎さんは、２人がそれぞれ経理担当常務、審査担当常務の時代から親しい間柄だった。

その関係を象徴する事例が、１９８８年10月にセッツが約８００億円を投じて傘下に収めた米国の印刷会社ユアルコの買収である。セッツと住銀のトップ主導でまとまった案件といわれていた。

ユアルコはコンピューターを使って出力する帳票など、決められたフォーマットを印刷するビジネスフォーム印刷を得意としていたが、セッツの傘下に入った後は業績低迷が続き、毎期赤字を垂れ流していた。

セッツ側にも、買収を仲介した住銀側にも、米国に乗り込んでユアルコを再建できるような人材は見当たらず、バブルに酔い、安易にＭ＆Ａブームに乗ったことを、買収に携わった関係者は深く後悔することになる。

ユアルコは、芳久さんの社長辞任後も「負の遺産」としてセッツの業績圧迫要因となっていたが、97年末になって、ようやく売却先が見つかった。買収したのは米国の同業大手スタンダード・レジスターである。

ただ、「負の遺産」の処理はこれで終わらない。ユアルコ譲渡で98年3月期にセッツは４５０億円もの売却損計上を余儀なくされる。

先に紹介したように、セッツはユアルコを買収する際に約８００億円を投じたが、傘下に収めた後、ユアルコが収益に貢献することはなく、毎期赤字を垂れ流した挙げ句に、縁の切れ目に際しても巨額の売却損を伴った。

銀行の紹介という以外に動機も展望もなかったＭ＆Ａで、セッツが負った損害は

1500億円を下らない。この案件ひとつ取ってみても、バブルに躍った代償はこれほど大きかったのだ。

## 最後の酒宴

そんな芳久さんとは若い頃から何度も杯を交わす仲だった。酔いが回るとよく「なあ大坪くんよ、お世辞でもいいからオレを褒めてくれんか」と私に言っていたことを思い出す。

先に触れたように、1980年代初め、板紙納入先のレンゴーの株を買い集めて筆頭株主の東洋製罐の影響力を薄めたり、バブル経済の初期に財テクで高収益を上げたりしたことを評価してほしかったのだろう。周囲はイエスマンばかりで、彼らのお世辞を聞き飽きていたのかもしれない。

しかし、私がお世辞を言うことはない。

「訳の分からない会社を買ったり、マネーゲームばかりやったりしていると、大変なことになりますよ」

ほろ酔い加減の私は相変わらず、芳久さんにしてみれば耳障りなことを言い続けた。

セッツの財テク処理は難航した。バブル期に同社は「攝津興産」「菱大商事」という２つの子会社を通じ、株式や債券などへの投資を行っていた。91年に芳久社長が退陣したのを機に、セッツは財テクから手を引いたものの、巨額の債務を抱えた２つの子会社の整理はなかなか進まなかった。

山一證券と北海道拓殖銀行が相次ぎ破綻した97年の年末、「次に破綻する銀行はどこだ」と金融危機が叫ばれる中、セッツは「攝津興産」「菱大商事」の両社に融資していた７つの金融機関に対し、総額１０８０億円の債務免除を要請した。

セッツ本体も両社への無利子貸付金４２０億円を放棄するとともに、赤字を垂れ流していたユアルコの売却損が４５０億円となった結果、99年3月期にセッツは３３８億円の連結債務超過に陥った。

ここに至って、セッツの経営危機は頂点に達した。

自立再建の道は断たれ、これまで青息吐息の同社を支えてきた住友銀行も折からの金融危機で苦境に立たされていた。

財テク投資で一時は製紙部門を上回る利益を上げていたセッツ元社長の増田芳久氏（左）

最終的にセッツはレンゴーとの合併に活路を見いだすことになった。

両社をよく知る私は善後策の協議のため、ロンドンと日本の間を何度も往復することになり、そんな中で芳久さんと久しぶりに杯を交わす機会があった。

かつて対座した大阪・北新地の料亭と違い、場所は兵庫・尼崎のセッツ本社に近い杭瀬のラーメン店。２つの子会社の整理案が決まったばかりの頃である。

「言いたいことはたくさんあるでしょうが、すべて任せた方がいい」

私がこう言うと、もはや達観していた芳久さんは「分かっている」と静かに答えた。

勘定の際、私が払おうとすると「これくらい、まだあるわい」と一言。

それが私と芳久さんの最後の酒宴だった。

# 20 セッツ救済

## レンゴーが衝撃のM&A

財テクの失敗で窮地に陥った板紙メーカー2位のセッツを段ボール最大手のレンゴーが救済合併する第一報が新聞で報じられたのは、１９９８年（平成10年）2月だった。

レンゴーは板紙製造でも業界4位の大手であり、セッツとの合併が実現すれば、板紙市場では王子製紙を抜いてトップに立つ見通しで、製紙業界にとっては衝撃のＭ＆Ａといえた。

合併が表面化する以前から、私はレンゴー社長の長谷川薫さんから何度も相談を持ちかけられていた。

まず、合併前にセッツの債務整理がどの程度進むのか。主力銀行の住友銀行との交渉が不可欠だったが、長谷川さんは問題に突き当たると、銀行にこう言ってほしい、ここは譲れないなどと、わざわざロンドンの私のところへ連絡してくる。

パイプ役として誠心誠意協力することはやぶさかではなかったが、住友商事の欧州事業を統括する仕事は片手間でやれるものではなかった。

「そんなこと、ご自分で仰ったらどうですか」

あまりの頻度に私が音を上げると、

「いやいや、セッツのことを一番よく知っているのはツボさんだから」

と譲らない。

また、別の時には、私のブリュッセルの出張先に日本から飛んできた長谷川さんが秘書を伴って突然現れ、大いに驚かされたこともあった。ちなみに、この時長谷川さんが連れていた秘書が、２０２０年（令和２年）４月に私の後任のレンゴー社長に就任した川本洋祐さんである。

セッツの救済合併を長谷川さんが決断した第一の理由は、当時ライバル視していた王子製紙や日本製紙にセッツを渡したくないということだった。

その思惑ばかりが先行していたため、交渉が始まった当初はセッツと「合併」なのか、別会社として存続させ系列化する「統合」という形を取るのか、明確になっていなかった。レンゴー経営陣の多くは「統合でいいじゃないか」という空気が支配的だった。だが、私は「合併でひとつの会社にならなければ意味はない」と長谷川さんに力説した。板紙業界でトップ企業になることこそ、成長の糧になると確信していたからだ。ただ、例外があった。段ボール部門である。

## 「板紙でトップに」、統合派を説得

合併前からレンゴーが押しも押されもせぬ段ボールのトップ企業だったのに対し、セッツの段ボール部門は後発で、技術力も人材面でも力の差があった。加えて、両社共通の得意先は主要なところだけで100社以上、それ以外のグループ各社を含めると、ざっと300社に達するといわれていた。合併によって、その段ボール事業が一本化されると、両社の製品を購入していた得意先が納入比率を見直し、かえって合併効果を損なうことも予想された。

財テクの失敗で社長の座を追われた増田芳久さんとの最後の酒宴のことは前述したが、その時、合併のことは「すべて任せる」と了解した芳久さんが「ひとつだけ頼みたいことがある」と私に言ったのが、この段ボール部門のことだった。

セッツの主力である板紙部門は創業者である岳父の増田義雄さんがゼロから立ち上げた事業だったが、段ボール部門は、１９５４年（昭和29年）に入社した芳久さんが自ら手塩にかけて育てたという思いが強かった。

「段ボール事業では業界トップのレンゴーと中堅クラスのセッツでは実力が違い過ぎる。セッツの段ボール部門の人間は、レンゴーの巨大組織と合併したら、埋没してしまう」

芳久さんはこんな懸念を抱いていた。

確かにそうかもしれない。両社間のギャップが大きければ、合併しても溝は埋まらず、逆に組織の融和を妨げることになりかねない。

「セッツの段ボールは独立させましょう」

私は長谷川さんにこう進言した。

レンゴーとセッツは99年４月１日付で合併にこぎ着けたが、その１カ月前に「セッツカートン」と名づけた子会社を設立し、セッツ直営の段ボール製造５工場を切り離した。

独立経営で力をつけたセッツカートン（栃木県の宇都宮工場）

今になって振り返ると、結果は大成功だった。セッツカートンは独立経営で力をつけ、発足直後の２０００年に約３００億円だった年間売上高は、19年３月期には５１０億円に増加。今ではレンゴーグループの中核企業の一角を成している。

## 合併の次に待っていた「事件」

さて、こんな感じでレンゴーとセッツの合併劇に深く関与した私は何度も日本へ帰国し、両社や銀行の関係者と打ち合わせを済ませ、ロンドンへとんぼ返りする生活を続けていた。

当時、住友商事の本社は東京・竹橋にあり、社長の宮原賢次さんにはもちろん逐一報告していた。

「合併の話は外に漏れないようにしないとな」

報告を聞き終わった宮原さんから、こうクギを刺されたのを覚えている。

その宮原さんと長谷川さん、それに住銀頭取となっていた西川善文さんたち首脳の間で、私の役回りについてトップ会談があったのかもしれないが、本人の知るところではなかった。

つらかったのは、「どうしてチョコチョコ日本へ行ってるの」とロンドンで待っている妻に尋ねられても、合併の件を説明できなかったことだ。

「本社との打ち合わせ」で通していたので、合併が実現した時は心底ホッとした。

だがその翌年、さらに妻が驚く「事件」が起きる。

住友商事からレンゴーへの転職、それもいきなりの社長就任である。

# 21 落下傘社長

## 新聞辞令

私のレンゴー社長就任が「新聞辞令」だったのは本書の冒頭に紹介した通りである。前任者の長谷川薫さんからは、前年の1999年（平成11年）10月くらいだったと記憶しているが、「セッツとの合併もあったし、これからのレンゴーのためにも来てほしい」との誘いがあった。

しかし、私は住友商事でもう一仕事したい気持ちが強かった。

「その話は聞いておきますが、しばらく考えさせてください」

私はこう言って返事を留保していた。

それから半年。内心で「諦めてくれたのかな」と思っていたところへ、いきなりの「レンゴー新社長に住商の大坪常務」の記事だった。こうなったら腹をくくるしかない。

## 製紙業界の慣習、高い壁

２０００年４月３日付で住商の副社長に昇進し、ロンドンから帰国した。だが、その席を温める間もなく、６月29日の株主総会でレンゴーの取締役に選任され、その日の取締役会で正式に社長に就任した。

私の住商副社長の在任期間はわずか80日。着任した時点でレンゴー社長への転出が決まっていたので、執務室の配置では事務方の頭を悩ませたかもしれない。確か、社長の部屋に近いところに仮住まいをさせてもらったような記憶がある。

そもそも大企業になると、一般的な内部昇進のケースでも新社長のスタート時は目まぐるしい忙しさだが、社外から落下傘で舞い下りるように着任した場合、会社や業界の慣習を知らずに戸惑うことも少なくない。私がレンゴー社長に就任した後、挨拶回りをした時もそうだった。

製紙業界のお歴々への表敬で各社を訪ねたのだが、皆さん珍しそうに私を迎えているのである。私に社長ポストを譲って会長になった長谷川さんは「適当に行っといてくれ」と同行していなかったので、事情は分からなかったのだが、よくよく聞くと、レンゴーの歴代社長が大手製紙会社に就任挨拶に出向く習慣がなかったと教えられた。

前にも触れたが、この業界はレンゴーのように「ダンボール」や「イタガミ」といった濁音のつく製品を作る会社と「セイシ」「ヨウシ」など澄んだ音の事業を展開する会社との間に高い壁があった。その壁の存在を、この後私は改めて思い知らされるようになる。

## 「異議なし」取締役会

社長就任直後に出席した最初の取締役会も、強く印象に残っている。

会議が始まってすぐに私は違和感を覚えた。出席者が何も発言しないのである。議長役の長谷川会長が紙に書かれた文言を淡々と読み上げ、それが終わると「異議なし」の声があちこちから上がって一件落着となる。この繰り返しだった。

住友商事の取締役会は違った。

私や私の「天敵」といわれた和田文男さんが議論の火付け役となっていたことは前に紹介したが、声を上げていたのは私たちだけではなかった。他の出席者も好き放題に発言し、大論争になることも珍しくなかった。

たまに静かに会議が進んでいると、秋山社長から「和田さんはどう思いますか」「大坪さん、何か言うことはないですか」と発言を促されることがあった。議論がなければ会議をする意味がない、というのが当時の住友商事の社風だったと思う。

## 我慢ならぬ財務報告に持論展開

対照的に静寂が続くレンゴーの取締役会。財務報告になると、もう我慢できなかった。私は発言を求めた。

「段ボール原紙のことには触れているが、その原紙の材料である古紙については在庫の記載がない。これはどういうことですか」

こんな疑問を呈したのだ。

一瞬、その場が静まり返った後、長谷川さんがポツリと「そういえばそうですね……」

と言った。

レンゴーは段ボール製造用原紙の板紙を外部調達するだけでなく、利根川工場（茨城県）や旧福井化学工業の金津工場（福井県）、それに合併したばかりの旧セッツの八潮工場（埼玉県）などで自社製造もしていた。

それほどの規模の工場を持ちながら、板紙の原料である古紙の在庫管理がなされていなかったのだ。

事情を聞くと、原料コストの計算は外部調達の古紙の相場をもとに弾き出しているという。自社製造の原価を考慮しないなら板紙工場を自前で抱えている意味がない。

もっと言えば、段ボール部門とその原料の板紙部門でそれぞれのコスト分析がまるでできていないことになる。

「これでは、どこで利益が出ているか分からないじゃないですか」

会議の席で私はこう言わずにいられなかった。

製紙技術の大家だった得能正照さんは１９８８年（昭和63年）に専務取締役を退任。それ以後、レンゴー経営陣には製紙事業全体を理解する役員がいなくなっていた。

さらに長谷川さん自身も気づいていたが、創業一族出身のトップが16年間も君臨した影

レンゴー社長就任後、事業戦略会議で部門長や工場長らに話す筆者（中央）

響なのか、社内は「物言えば唇寒し」といった具合で風通しが悪く、活気も失われていた。

社外から迎えられた私に課せられた任務は、この流れを変えることなのだと、社長就任早々に悟った。

## 22

# フルコスト主義

### 「価格ない」契約に目を疑う

紙・パルプ業界の商社マンを長くやっていた私でも、立場が変わり、その中の一企業で経営トップに立つと、目に見える景色はがらりと変わってくる。とにかく驚くことの連続だった。

レンゴー社長就任後、しばらく経って気づいたことがあった。原料の売買契約の際に最も肝心な「価格」が「ない」のである。

2000年（平成12年）当時、段ボール関連業界を業種別に細かく分類すると、主原料の古紙を抄いて段ボール原紙の板紙を作る製紙会社が約30社、ライナ原紙2枚と中しん

（原紙）を貼り合わせて段ボールシートを作る会社が約３００社、段ボールシートを加工して段ボールケースを作る会社が約３０００社あった。

このうち、比較的企業規模の大きい製紙会社の経営者が工場の稼働率を重視するあまり、「限界利益さえ確保できれば」と需給状況を顧みず増産に走る。すると、当然のことながら供給過剰が起きる。

その結果、営業の現場では値下げ競争が常態化し、値崩れが起きて利益が弾け飛んでいくということを繰り返していた。

しかも、商談で合意に達した後も売買契約書を結ばない商慣習がはびこり、当初お互いが納得して設定したはずの価格が、半年後、1年後になって取り消されることも珍しくなかった。

例えば、シート会社が製紙会社から年初に1キログラム当たり50円で原紙の購入を決めたとしよう。

ところが、夏場になるとシート会社が「事業環境が変わって相場が下がってきたので、キログラム当たり40円にしてほしい」と要求してくる。

他の業界ならこんな身勝手な要求は一蹴されるのがオチだが、驚くべきことに製紙会社は受けてしまう。

だから「価格がない」ということになる。

## 成り行き任せ体質、改革に挑む

なぜ、こんなことが起きるのか。

理由は「限界利益」の偏重である。

売上高から原材料コストなどの変動費を差し引いたのが限界利益であり、製紙会社の大半が限界利益さえ出ていれば、あとは人件費などの固定費をカバーするために増産するだけでいいと考えていたのだ。

経営者が需給バランスを考えないのも信じ難いが、後になって値下げを要求する段ボール会社側にも問題がある。

仮に原材料費が決まらなければ、製品ユーザーとの価格交渉で「原料コストがこれだけ掛かっているので価格はこの水準でお願いしたい」という説得材料がなくて困るはずなのだ。

こんな実態では経済活動というのもおこがましい。

一刻も早く改めようと、私は２００１年の新年互礼会で業界幹部を前に、「新しい製品価格の決め方」をテーマに大演説をぶった。

そこで打ち出したのが「フルコスト主義」である。

従来は利益の中から絞り出してきた「資本分配」「労働分配」「租税」「社会貢献」の４項目をあらかじめ必要なコストと見なして、製品価格を決める考え方だ。

これが実現すれば、限界利益頼みで成り行き任せの経営を排除できる。事前に予想していた通り、長時間に及んだこの大演説は後に猛反発を食らったが、私には信念があった。

## 「リサイクルの輪」こそがビジネスの生命線

我々のビジネスは原料となる「古紙」、その古紙から段ボール原紙を作る「製紙」、さらに製品に仕上げる「段ボール」という3つの業界で成り立っている。

それまでは「価格がない」の事例で示したように、互いの業界が損を押し付け合う構造だった。

「あの会社は我々を出し抜こうとしているのではないか」
「陰で何か抜け道を用意しているのではないか」

こんな不信感が業界間に蔓延し、それゆえ合理的な行動が取れない、いわゆる〝囚人のジレンマ〟がその背景にあった。

しかし、それは間違っている。

古紙から作る段ボールはリサイクル率の高さで知られる。このリサイクルの輪こそがビジネスの生命線であり、価値の源でもある。

業界間の叩き合いは排除すべきだし、さらにいえば、街中で毎日額に汗して古紙回収に携わる人々への配慮も必要だ。彼らの生活が成り立たないということは、段ボール産業が成り立たないのと同じことなのだと考えなければならない。

製品価格の「フルコスト主義」を含め、私が一連の意識改革を「三位一体の改革」と名づけたのは、古紙・製紙・段ボールの3つの業界が手を携えて取り組まなければ我々のビジネスに未来はない、変革を起こすのに聖域はない、という強い思いからだった。

リサイクルの重要性を訴える広告

# 23

# 内憂

## 「三位一体の改革」、業界にも一石

社長就任から1年も経たずに打ち出した「三位一体の改革」は社内だけでなく、業界にも一石を投じた。

古紙・製紙・段ボールの3つの業界の従来のやり方が間違っていると批判したわけで、挑戦状を叩きつけられた業界側の反発は当然激しかった。

改革を実行に移すべく、レンゴーは「価格の合わないものは一切納めない」と宣言。値下げ競争の悪循環から脱するためであり、業績の落ち込みは覚悟の上だった。とはいえ社内外の圧力は相当なものがあった。

同業数社のトップから説得を受けたが、中には電話でこんな忠告をしてくる業界の重鎮もいらっしゃった。

「そんなことできっこない。あなたの隣の部屋（会長室）にいらっしゃる方に聞いてみるといい」

当の会長の長谷川薫さんからは「そこまでやらん方が……」と、やんわりたしなめられたこともあったが、総じて私に任せてくれた。おそらく言いたいことは山ほどあっただろう。

「三位一体の改革」を進める際、私は「他社にシェアを奪われるかもしれないが、それでも構わない」と断言した。意識改革を同業他社にまで広げようというわけだから、ここで揺らぐことなく踏みとどまらなければならない。

業界で孤立し、売上高が頭打ちになる会社が耐え忍ぶには、内部の収益力を引き上げるしかない。

しかし、大きな支障があった。合併で吸収された旧セッツと吸収したレンゴーの従業員間の意思の疎通が、今ひとつうまくいっていなかったのだ。

## 2つの労組、社員に深い溝

会社としては1999年（平成11年）4月に合併したが、労組は従来通り、レンゴー労働組合とセッツ労働組合が併存したままだった。

社内ではこれを「一社二制度」と呼んでおり、さらに事情を複雑にしていたのは、2つの組合員の賃金には格差があったことだ。仮にレンゴーの方が33万円だったとすると、セッツ側は30万円といった感じである。

もともとバブル期の財テクの失敗で債務超過に陥り、レンゴーに救済された格好の旧セッツ側の人間には、「助けてもらった」という負い目があった。

旧セッツの段ボール部門を切り離して設立したセッツカートンの人間に聞くと、レンゴーからセッツカートンに来た出向者が「上から目線」のため、社内のコミュニケーションが取りづらいという。

一方で、段ボール製造を祖業とするレンゴー社内には昔から、原料の板紙を製造・供給する製紙部門に対する優越感があり、経営危機に瀕していた旧セッツに対し「合併してやった」という意識も垣間見えた。

従来レンゴーでは、段ボール部門から製紙部門へ異動の辞令が出ると「飛ばされた」と受け止める向きが多かった、ということも耳にした。

これではいけない。前にも引用したが「区別（segregation）はいいが、差別（discrimination）はダメ」というのが私の信条である。同じ仕事をする従業員が、所属する労組の違いで待遇が異なるというのは、明らかに「差別」ではないか。

レンゴーの長老格の役員は「10年くらい時間をかけて一本化すればいい」という構えだったが、そんな悠長なことは言っていられない。私は「ひとつの会社になろう」と関係各所へ働きかけた。

焦点は言うまでもなく賃金格差の解消である。３万円の差があるとすれば、それぞれ１万５０００円ずつ増減させることで統一賃金とする提案をした。

問題は賃金が下がるレンゴー側の反発。当然のことながら、給料が下がって喜ぶ人間はいない。私は「ノーペイン、ノーゲイン（痛みなくして前進なし）」という表現を使い、粘り強く説得を続けた。

理論づけのために『国富論』まで持ち出した。アダム・スミスは「労働の価値」こそが市場価値を決定する最も重要な要素だと結論づけたが、ひとつの会社で同じ仕事をするレンゴーの社員と旧セッツの社員の賃金水準に格差があるとすれば、我々の労働そのものの価値が著しく低下することになるのではないか。こんなことも説得材料にした。

## 賃金・組織統一、高まった士気

トゲトゲしい空気が変わってきたのは、私が業界を相手に「三位一体の改革」を掲げ、孤軍奮闘している様子が社内でウワサになったのと同じ頃だった。

「社長は退路を断ち本気でやっている」

社員たちにこう伝わったのかもしれない。

2002年4月1日、2つの労組は組織を統一した。記念式典で私は次のように祝辞を述べた。

「香港が英国から返還された時と同じように、我が社も一国二制度ならぬ一社二制度の下にあった。2つの組織を統一された労働組合幹部の方々のご尽力に敬意を表したい。近代経済学をつくり上げた1人であるヨーゼフ・シュンペーターは『新結合の時に必ず経済発

レンゴーと旧セッツの労組統一を記念した祝賀会（中央が筆者）

展が起こる』と言っている。両労組の結合でレンゴーの生産現場がさらに強くなると期待している」

レンゴーには、上が決めた方針にはピシッと従う社風があった。これは会社を長く率いた長谷川さんや元専務の得能正照さんが残した、海軍兵学校の気質だったと思う。

つまり、卒業年次が1年でも違えば上の命令は絶対というもので、それがマイナスになる場合もあるが、この時は良い方に出た。

一本化された労組は士気が高まり、一連の改革実現の原動力になっていった。

# 24

# 長谷川さんの死

## 生産性向上、驚きの効果

労組統一の効果はすぐに表れた。目に見えない組織の壁を取り払ったことで、組合員ばかりでなく、非組合員の幹部たちの仲間意識も高まった。ロンドン赴任時代に知り合ったＢＰのジョン・ブラウン社長兼ＣＥＯが提唱していた「ピア・アシスト（仲間の手助け）」精神が行き渡るようになり、２０１９年（令和元年）のラグビーＷ杯の日本代表に例えるなら、「ＯＮＥ　ＴＥＡＭ（ワンチーム）」が出来上がったともいえた。

特に目覚ましい貢献をしたのが、旧セッツから引き継いだ八潮工場と尼崎工場である。

レンゴー側との不平等感がなくなり、従業員の士気が一気に上がった。

当時、２つの工場の生産量は年間合計１２０万〜１３０万トン。操業時の製品歩留まりは92〜93％が限界とされていた。

「工程を工夫し、どこまで数字を改善できるか、やってみてほしい」

私は両工場の技術者たちにこうハッパをかけた。

板紙の製造過程で起きる問題のひとつに「紙切れ」がある。

原料に含まれる不純物の除去が不十分だと、それが原因で紙切れが発生し、「通紙」と呼ばれる紙をつなぐ作業が必要になる。その通紙によって機械が1時間弱止まってしまうのだ。

両工場の技術陣は、リファイナー（精製機）などの装置や作業手順の見直しによって、紙切れの削減に成功した。

さらに紙抄きの工程で水分を除去する搾水装置を、従来の「ニップ（挟む）プレス型」から、靴を磨くように幅広く脱水できる「シュープレス型」に変更することで、作業効率を高めた。

一連のライン改造の結果、歩留まりは5ポイント上昇。両工場合計の年間生産量は約

１５０万トンに増加した。

新しい機械を導入したのではなく、既存のマシンを改造しただけでこれほどの成果を上げるとは、私自身も驚きだった。

## 役員人事にもメス

こういう事例が出てくるようになると、改革に勢いがついていく。

「三位一体の改革」や労組統一の成果を携え、私は最もデリケートな問題である役員人事にも手をつけた。

２００４年（平成16年）は１９３４年（昭和９年）生まれの方々が70歳に到達する年でもあり、それを機に昭和一桁生まれの役員の皆さんに引退していただくことにした。

もちろん多少の波風は立ったが、改革の歯車が回り出していたことで、組織の若返りに敢えて異を唱える向きはもはやなかった。

## 「会社を頼む」、最期まで

この年はレンゴーにとってもうひとつ重大な出来事があった。会長の長谷川薫さんが、年明け早々の1月９日に亡くなったのである。79歳だった。社長交代からわずか４年後のことである。

前にも触れたが、レンゴーの創業者である井上貞治郎は長谷川家の生まれで、２歳の時に遠縁の井上家の養子になった。長谷川さんは貞治郎の甥にあたり、この２人の社長在任期間は、当時のレンゴーの歴史の半分に当たるざっと50年に達していた。

社内には長谷川さんの長男である長谷川一郎、井上家の末裔である井上貞登士の両君も幹部として在籍していた。私が社長にスカウトされるまで、レンゴーが同族色の強い会社と見られていたのは、そんな経緯があったからだ。

確かにレンゴーに来て感じたのは、創業一族への恭順度が高く、経営陣にも従業員にも「長いものには巻かれろ」といった気風が残っていたことだった。

そんな気風ゆえ、将来のレンゴーを担う人材が育っていないのを長谷川さんは自覚し、もはや同族経営の時代ではないことを十分認識していた。門外漢の私を社外から強引に社長に引っ張ってきたことこそ、その証拠である。

病が重くなってから私がお見舞いに伺うと、最後の方は言葉ではなく、筆談での会話になった。

「思うようにやってくれ」

「（レンゴーのことを）よろしく頼む」

何度も私に伝えた。

海軍中尉だった長谷川さんは終戦3カ月前に特攻攻撃に出撃し、沖縄近海で米艦に撃墜されたものの、九死に一生を得て生還した稀有な経験を有していた。

戦後は学習院大学で学び、その縁で学習院高等科出身である指揮者の岩城宏之さんとは親しく、岩城さんが音楽監督を務めていたオーケストラ・アンサンブル金沢をレンゴーが支援していた。

長谷川さんの死を悼み、岩城さんは大阪市内で開かれたコンサートで追悼曲「海ゆかば」を番外で演奏した。長谷川さんが亡くなった翌日のことだった。

長谷川薫氏夫妻とのクルージング（中央が筆者）

2年後にその岩城さんも逝去されたが、お二人の縁を大切にし、レンゴーはその後もオーケストラ・アンサンブル金沢の支援を続けている。

# 25

# リーマン破綻

## 決まっていた後任選び

２０２０年（令和2年）に私のレンゴー社長在任は満20年に到達した。それを機に、私は後進に道を譲ることにし、取締役兼専務執行役員だった川本洋祐さんを社長に昇進させ、私は会長兼最高経営責任者（ＣＥＯ）に就任した。

前に紹介したように、川本さんは長谷川さんの秘書を長く務め、私がレンゴー入りする前から面識があった。直感に優れ、理解力があり、国際的な視野も広い。

後に記すように、レンゴーは２０１６年（平成28年）に自動車部品や航空機部品などの梱包に使う重量物段ボール世界最大手のトライウォール・ホールディングス（ケイマン諸島）、19年にドイツの同業大手トライコーパッケージング＆ロジスティクス（バート・ヴェリスホーフェン）をそれぞれ買収したが、その責任者が川本さんであり、難しいＭ＆Ａ案件を見事にまとめ上げた。

レンゴーの将来を考えた場合、次のリーダーは彼しかいないと確信した。

私の社長在任が10年を超えた頃から、「死ぬまでやってくれ」と言ってくれる先輩やＯＢもいたが、さすがにそれを真に受けるほど世間知らずではない。ただ、自分でもこんなに長くやるとは正直思っていなかった。

09年４月にレンゴーは創業１００周年を迎えた。実は、その少し前から、この節目の年に次の社長へバトンを渡そうと考えていた。

古紙・製紙・段ボールの３つの業界における価格設定の正常化を目指した「三位一体の改革」が軌道に乗り、レンゴーと旧セッツの労組一本化で従業員の士気も向上していた。

このまま改革路線を進めていけばトップが代わっても成長していける。その手応えを感じ取れるようになっていたからだ。

## 吹き飛んだ引退への道

ところが、予想外の事態が起きてしまう。２００８年9月のリーマン・ショックである。その前年にサブプライムローン問題が表面化した頃から、米国を中心とした金融資本主義が行き過ぎてしまったと感じていた。

リーマン・ブラザーズの破綻は乾き切った火薬庫にたいまつを投げ込んだようなものだった。欧米の金融市場のあちこちで火の手が上がり、信用収縮の連鎖が発生。翌09年にかけて世界経済は混乱の渦に巻き込まれていく。

日本経済も例外ではなかった。経済の潤滑油である金融が目詰まりを起こしかねず、世界でビジネスを展開する大手企業でさえ、金融パニックに備えて手元キャッシュの確保に躍起になっていた。

そんな状況下で「引退する」とはとても言えなくなってしまった。

「世界同時不況」という言葉が、当時のグローバル化した経済の混乱ぶりをよく表している。

リーマン・ショックは、日本の基幹産業といわれてきたエレクトロニクスや自動車などの製造業を直撃した。キヤノンやトヨタ自動車といったこの国を代表する企業が、業績悪化を背景に、雇用調整に踏み切るような事態に至った。

1990年代にIT（情報技術）革命が起き、2000年以降「時代はニューエコノミー」という表現が定着した。この「ニューエコノミー論」には、経済だけでなく社会のあり方も変えていこうという発想も含まれていたように思う。

IT革命と並行する形で、米国流の株主資本主義が叫ばれ、日本企業はずっとそれに対応せざるを得ない状況が続いた。

2000年代前半、当時の小泉純一郎首相と竹中平蔵・経済財政担当相が主導した「新自由主義」と呼ばれた改革も、その流れに沿ったものだった。

その「新自由主義」を背景に03年に国会で成立した改正労働者派遣法によって、製造業への人材派遣が解禁された。内外の市場で熾烈な競争を繰り広げる日本の製造業は、次々に、工場に派遣労働者を受け入れた。

「リーマン破綻」を伝える2008年９月16日付日本経済新聞夕刊

## リストラ横行に苦々しい思い

レンゴーも例外ではなかった。輸送部門の子会社だったレンゴーサービスという会社を人材派遣業に切り替え、そこで雇った社員を全国のレンゴーの工場へ送り込むようになった。

ただ、私は株主資本主義が広がる中で、労働を商品化することにずっと違和感を感じていた。

労働は本来神聖なものであるはずだが、派遣労働を原材料費などと同じように変動費と位置づけるなら、それは商品化しているのと同じことではないか。

企業活動とは、土地と資本と労働を使い、財貨・サービスを生み出す行為である。財貨やサービスにも人間の心がこもらなければ、真の利益は生み出せない。私はずっとそう考えてきた。

２００９年に入ってもリーマン・ショックの余波は収まらず、苦境に陥った企業は人員削減が主体のリストラを次々に発表し、世間では「派遣切り」が流行語になりつつあった。

そんな頃、ある経済団体の会合で、1人の経営者が「1万人を削減する」と話し始めた。本人にそのつもりはなかったかもしれないが、私には過酷なリストラ策を自慢しているように聞こえた。

「その前にご自分がお辞めになったらどうですか」

私が思わずそう言うと、それをきっかけに大議論に発展した。

わずか1年前まで好業績を謳歌していた日本を代表するような大会社が、不況の声を聞いた途端、大幅な雇用調整に踏み切る。すると、「我も続け」とばかり、他の企業も流れに乗っかって雇用に手をつけ始めた。

中には、一種の流行のような感覚で「リストラの決断」を吹聴する経営者も出てきた。人員削減が流行になること自体が大間違いなのだ。

「レンゴー独自の雇用対策を進めよう」

この時、私は強い決意を固めた。

## 26

# ２００９年問題

### 派遣全１０００人を正社員に

雇用について、改めて考えるようになったきっかけは「２００９年問題」だった。

２００４年（平成16年）３月に施行された改正労働者派遣法では、３年後の07年３月から、製造業における派遣社員との契約期限が１年から３年に延長されることが定められており、さらに09年になると、雇用主は派遣契約を直接雇用に切り替えるか、一定期間のクーリングオフを経て再び派遣社員として受け入れるか、または請負契約にするのか、いずれかの選択をするよう迫られていた。これが「２００９年問題」である。

リーマン・ショック後の不況下で「派遣切り」や「雇い止め」が大きな社会問題になり、

この２００９年問題には多くの国民の注目が集まった。

　この時、レンゴーで契約見直しの対象となる派遣社員はざっと１０００人に達していた。主に、全国の工場で働くスタッフだった。私は熟慮の結果、「この際、まとめて全員を正社員にしよう」と決断した。

　具体的には、まず子会社のレンゴーサービスが雇用する派遣社員を対象に、本人の意向を確認したうえで、転勤の可能性がある「ナショナルスタッフ」と転勤のない「ローカルスタッフ」に分類する。賃金水準や福利厚生などについては、それまでの経験年数や年齢などを勘案し決めることにした。

## 強まった結束、コスト増カバー

　２００９年4月から「派遣の正社員化」を始めると発表すると、経済界やマスコミから大きな反響があった。

　１０００人の正社員化というと「大変な出費では」と心配される向きも多かったが、レンゴーサービスは期間雇用でなく、常用雇用が中心だったので、コスト増は４億〜５億円で収まった。

この程度の費用なら、社員のモチベーション・アップ（士気高揚）による生産性向上で十分カバーできると私は踏んでいた。

実際、「派遣の正社員化」以降、段ボール加工のロス率がみるみる改善した。

それまで派遣社員と正社員は作業着の色や帽子のマークが違い、休憩中も別々で、コミュニケーションはまったくといっていいほどなかった。

工程で不良品が出ても、派遣社員は「余計なことは言うまい」「自分たちには関係ない」といった感じで遠巻きにして眺めていた。ところが、正社員化で職場の雰囲気は一変し、前向きかつ積極的に日々の仕事に取り組むようになった。

例えば、段ボール工場で給紙係だった旧派遣社員は、完成品の形状に合わせ工夫して給紙をすることによって、シートの端切（ロス）を大幅に減らした。

調べると、作業員が派遣契約の時代に13～14％が普通だった段ボール加工のロス率が、正社員化後は10％弱に低下した。4ポイントの改善は数億円のコスト削減となり、これだけで十分おつりがくる計算になる。

ロス率の改善というのは、業績への反映の度合いが想像以上に大きい。1トンの板紙か

# 派遣を正社員化する真意

## レンゴー・大坪社長、均等待遇への通過点

**派遣社員1000人を4月から正社員として採用するレンゴー。段ボール国内最大手を率いる大坪清社長の決断の裏にあるものは何か。それを探ると、社員の「均等待遇」という雇用改革の本質が見えてくる。**

「ちょっと騒ぎすぎだな」――。

レンゴーの大坪清社長は眼前に映る産業界の風景に違和感を覚えている。理由は2つ。第1は、業績悪化を理由として、我先にと人員削減に乗り出している大手企業の振る舞いだ。1年前まで好業績を謳歌してきたトヨタ自動車やキヤノンなども大幅な雇用調整を始めた。「ほかの企業も流れに乗っかり、雇用に手をつけている。一種の流行になっているのはいかがなものか」。

もう1つは、自らが下した決定への反響の大きさだ。レンゴーはグループ工場などで働く派遣社員1000人を、4月から正社員化することにした。大坪社長が1月、この考えを自らトップを務める関西の経済団体の会見で披露したところ、「派遣切り」問題が連日取りざたされていた最中とあって、ちょっとした"美談"として報じられた。

### 契機は「2009年問題」

しかし、大坪社長はボランティア精神で派遣社員の正社員化を決めたのではない。雇用のあり方を自分なりに模索してきた延長線上にあり、当然の措置だったのだ。

大坪社長の真意を探る前に、今回の決定の詳細を見てみよう。

正社員として採用するのは、子会社の人材派遣会社で雇用され、主に全国の工場で働く派遣社員だ。転勤がある「ナショナルスタッフ」と、転勤がない「ローカルスタッフ」の2つの雇用・賃金体系を用意し、本人の意向に沿う形で正社員にする。

賃金水準や福利厚生などは派遣社員としての勤続年数や年齢などを勘案して決める。人材派遣子会社は常用雇用だったので、正社員化に伴うコスト増は4億～5億円程度という。

正社員化を検討する契機となったのは「2009年問題」。2007年に製造業派遣の期間が3年に延び、レンゴーは多くの請負契約を派遣に切り替えた。派遣社員は代替が利きにくい作業に就いており、今年、一斉に期限を迎え、現場が混乱する恐れがあった。

コスト圧縮を優先するのであれば、もう一度、請負契約に戻す選択肢もあ

**経営トップは強い意志を示せ**

**大坪 清 レンゴー社長**



（写真：山田 哲也）

「派遣の正社員化」はマスコミの注目も集めた（「日経ビジネス」2009年3月9日号。雑誌記事内の写真撮影：山田哲也）

ら完成する段ボールのロス率が10%とすると、出来上がる製品は９００キログラム。ロス率を１％下げれば、新たに10キログラムの製品を出荷できる。

この10キログラムは価格設定や業績に大きくモノを言う。攝津板紙の創業者である増田義雄さんが私に繰り返し説いた「ロスはこぼれる利益である」という言葉の意味はまさしくこれである。

## 労働の価値を引き上げ、持続的な発展を目指す

予想外の効果もあった。正社員化によって生活基盤が安定したことから、旧派遣社員が次々に自分の持ち家を建て始めたのである。

正社員になると、会社の住宅購入補助制度が使えるうえ、さらに金融機関でローンも組めるようになるからだ。派遣という雇用形態では、収入が不安定なため、若者は結婚もできず、こどもも養えない。それが深刻な社会問題にもなっていた。

彼らは正規の雇用になったことで家族を持ち、さらに自分の家を建てるようになった。

北海道や九州の工場で正規雇用になった社員から住宅購入補助制度の申請が続いている

と聞いた時はうれしかった。ささやかながら、住宅着工件数を増やし、地域経済活性化にもお役に立ったかなと思った。

家族といえば、２００６年に増額した出産祝い金も社内外の反響があった。

それまでこどもが生まれると１人につき５０００円といった制度だったが、これを１人目が２万円、２人目が５万円、そして３人目以降は１人につき１００万円に引き上げた。

この制度改定を検討した会議では当初「３人目は30万円に」「いや、それはやり過ぎだ。10万円でどうだろう」といった議論だった。

その会議にたまたま顔を出した私がつい「みみっちいことを言うな。１００万円くらい出したらどうや」と口を挟んだら本当にそうなってしまった。

ただ、制度改定の効果はてきめんだった。３人目以降の祝い金の申請者はそれまで年間10人前後だったのが、それが一気に30人くらいに急増した。

１人１００万円で30人なら３０００万円の出費になる。個人としては大金だが、会社としてその程度の負担増は大したことはないと私は考えている。

それよりも、こどもが増えて「よし、やるぞ」と勤労意欲を上げてくれる方がはるかに望ましい。

社員にインセンティブを与え労働の価値を引き上げることが、結果として企業の持続的な発展に結びつく。そうしたことを常に考え続けるのが、経営者の仕事だと思っている。

# 27

# 東日本大震災

## 仙台工場、津波で壊滅

２０１１年（平成23年）３月11日は金曜日だった。

東日本大震災が起きた午後２時46分、私は翌12日に取引先とゴルフの予定があり、伊丹から羽田に向かう航空機内にいた。

着陸予定時間が近づいた頃、機長から「羽田空港が混雑していますので、しばらく上空で待機します」との機内アナウンスがあり、その後富士山付近をぐるぐると旋回し始めた。

「ただ事ではない」。私はそう直感した。

結局、搭乗機は引き返し、伊丹に帰還したのは午後４時半頃。ところが、着陸後に滑走路を外れ、ターミナルまで戻ったのにもかかわらず、乗客は降機を許可されない。乗客を機外に降ろすには機長の許可が必要だが、非常事態で無線連絡にかかりきりで、指示を出す余裕がなかったらしい。

しばらくすると、顔見知りの航空会社のグランドサービス担当者が機内に入り、私のところへ来て「どうぞ降りてください」と言う。

「他の乗客はどうするの？」

私がこう尋ねると、一般の旅客はそのまま待機なのだと答える。

「そんなばかなことはない。私だけ降りるわけにはいかない。皆も一緒に降ろすべきだ」

私の剣幕に閉口したのか、乗客全員がそろって降りることになった。

その後、空港ロビーで初めて、大地震が東北、関東を襲ったことを知り、急いで大阪・中之島の本社へ戻った。

すでに会議室に幹部が集まり対応に当たっていたが、仙台工場（宮城県仙台市宮城野区）と連絡が取れないという。

すぐに役員全員を招集し、私を本部長とする「東日本大震災総合対策本部」を立ち上げた。

壊滅的な被害を受けた仙台工場の様子

危機に際しては、トップ自らが先頭に立ち、明確な方針を示すことが何より大切である。私がまず徹底したのは「人命を最優先すべきだ」ということ。従業員全員の所在確認をするよう指示を出した。

まもなく各地を襲った津波の一報が入り始めた。仙台工場は仙台港に隣接する臨海部にあった。海岸線から1キロもない場所である。

時間の経過とともに不安が募る中、午後7時頃にようやく仙台工場長から連絡が入った。仙台工場とレンゴーロジスティクスの社員約130人は全員無事だった。ただ残念なことに、協力会社の社員1人が亡くなられた。また系列の丸三製紙では地元の消防団活動で従業員1人が亡くなり、1人が行方不明になった。

## 「雇用守る」、即座に移転先探し

1週間後、東北地方の交通網が壊滅的な打撃を受けていた中、私は新幹線と車を乗り継いで仙台入りした。

現場は惨憺《さんたん》たる状況だった。工場の従業員は地震で一度避難した後、様子を見に戻った時に津波が到来したという。トラック十数台が流され、工場の1階が完全に水没。段ボールシートからケースまで一貫生産していた機械設備は大きく損傷し、使いものにならなくなっていた。

「修復不能」と私は即座に判断した。仮に設備を一新し操業を再開しても、また津波にやられる可能性がある。

ただ、この地の段ボール生産から撤退する考えは毛頭なかった。我々と共に働いてきた従業員の雇用を守ることを最優先にしなければならない。郷土愛が強い東北の人々の働く場を守るため、仙台で段ボールを作り続けることが不可欠であり、そのためには一刻も早く新工場を建設し、稼働させなければならなかった。

「時間との勝負」ということは強く意識した。仙台工場の従業員は一時的にレンゴー傘下の他工場で働いてもらうが、その間、大半の人が家族と離れ離れになる。新工場の操業開始が遅れるなら、それだけ家族の離散状態が長引くことになる。

## 段ボールの社会的役割

もうひとつ。忘れてはならなかったのは飲料や食料、日用品など生活必需品を運ぶ手段として段ボールが欠かせないことだ。

未曽有《みぞう》の天災に見舞われた地域に向け、全国各地の工場でこれらの生活必需品を緊急増産し、在庫をかき集めたとしても、段ボールで包装し、被災地に向けて大量輸送できなければ意味がない。

２０１６年の熊本地震以降、高齢の被災者や女性の体調管理に有効な「段ボールベッド」の需要も高まっている。これは東日本大震災時に避難所で医療に携わった医師らの切実なニーズから生まれたものだ。

体育館や集会所が充てられることが多い避難所では、雑魚寝生活を余儀なくされるが、心身などへのストレスが大きく、車中泊などと同様にエコノミークラス症候群の発症リスクも高まる。

特にお年寄りや女性は、大勢での共同生活となる場合、トイレの回数を減らすために水分を控える傾向がある。さらに床面での寝起きが続くと、どうしても立ち上がるのが億劫になり、運動不足となる。動かなくなることで歩行機能も低下し、エコノミークラス症候群の原因となる足の静脈での血栓が発生しやすくなるというわけだ。

また、床面に近ければ近いほど、粉塵吸入による咳や呼吸機能低下の恐れがあるほか、床面からの振動で不眠による血圧上昇も起きやすい。

「段ボールベッド」は高さが35センチ。ベッドの縁から足を下ろせば立ち上がりやすく、粉塵対策としても有効だ。利用された方々からは「よく眠れるようになった」「気持ちが楽になった」「鼻水や咳が少なくなった」「布団の湿気が減った」といった声が寄せられている。

熊本地震の際には、私が理事長を務める「全国段ボール工業組合連合会」が先頭に立ち、被災地への「段ボールベッド」供給体制をつくり上げた。

段ボール製造は地域密着型の産業であり、全国に工場が分散している。広域の自然災害で周辺の工場が被災しても、近隣地域で直ちに代替生産が可能だ。そのため「段ボールベッド」は仕様を共通化し、どこのメーカーでも供給できるようにしている。段ボール業界が一丸となってこうしたプロジェクトに取り組んだのは初めてのことだ。

災害時に役立つ「段ボールベッド」

今や段ボールなくして、地震や豪雨の被災地の復旧・復興は考えられない。現在では全国の自治体との間で、「段ボールベッド」の供給に関する防災協定の締結が進んでいる。各地で段ボールの供給体制を隙間なく整備しておく使命が我々の業界にはある。

## 1年で新工場を建設

さて新工場である。

移転先はすぐに見つかった。

内陸部の宮城県黒川郡大和町にある工業団地の一角で、近隣にトヨタ自動車系車載電池工場などがある。

私は宮城県知事の村井嘉浩さんに掛け合い、事情を話して大急ぎで建設許可を取得した。さらに施工を請け負う鹿島建設の中村満義社長（当時）に、「細かいことは言わないから、必ず1年で完成させてほしい」とお願いした。

震災から１カ月に満たない２０１１年4月1日、仙台工場の全社員を仙台市内に集め、1年以内に大和町に新工場を建設する計画を伝えた。社員たちは驚き、大きな喜びの声が

新仙台工場の敷地の一角に建立した「一心の塔」

次々に上がった。

実は、中村さんには内々に「来年の私の誕生日までになんとか」と思いを伝えていたのだが、文字通り突貫工事でそれを実現してくれた。

12年3月15日、私の73歳の誕生日に新仙台工場の起動式が行われた。

戦国武将の毛利元就は故郷・安芸の居城である吉田郡山城（広島県安芸高田市）の改築の際、人柱の代わりに「百万一心」と刻んだ石碑を普請現場に埋め、作業の無事を祈願したとされる。

この故事に倣い、新仙台工場敷地の一角に「一心の塔」と名づけたモニュメントを建てた。皆が心を同じくして力を合わせれば何事も成し得る、という思いを込めたものである。

# 28

# 環境への配慮

## 太陽光で超エコ段ボール

東日本大震災後、東北の段ボール生産体制を支えたのは福島矢吹工場（福島県西白河郡矢吹町）である。

震災から遡ること３年前の２００８年（平成20年）４月、手狭になった旧郡山工場（同郡山市）を移転・拡張するため、県南部の矢吹町に約14万平方メートルの広大な敷地を確保した。その地に新工場が完成したのは、震災の10カ月前の10年5月だった。

新工場の特徴は、約９０００枚の太陽光発電パネルを建屋の屋根に敷き詰め、その年間発電量は約１４５万キロワット時となり、昼間の使用電力のすべてを賄うことができる最新鋭のエコ工場であることだ。

ボイラー燃料には重油ではなく液化天然ガス（ＬＮＧ）を採用し、建物も高断熱構造で、旧郡山工場に比べ二酸化炭素（$CO_2$）排出量を約４割抑えた。さらにフォークリフトをエンジン式からバッテリー式に換え、徹底して$CO_2$削減を追求した。

再生可能エネルギーには早くから着目していた。07年、京都府長岡京市の京都工場（現在の新京都事業所段ボール工場）に段ボール業界で初めて太陽光発電設備を導入。次の福島矢吹工場では「もっと先行してやろう」と考えていた。

約９０００枚の太陽光発電パネルはシャープ製だった。当時市場で勢いのあったシャープの町田勝彦会長を「一緒にやりましょう。シャープのイメージアップにもなりますよ」と口説いて協力を仰ぎ、実現にこぎ着けた。

投資額は約１１５億円。従来の工場より１～２割膨らんだが、得意先の飲料・食品や電気・機械製品などのメーカーは環境問題に敏感で、レンゴーのブランド力向上を考えればおつりがくる。

究極のエコファクトリーを目指した新工場のキャッチフレーズは、「軽薄炭少」＝軽く、薄く、二酸化炭素発生量も少ない超エコ段ボールを生み出す工場、とした。

約9000枚の太陽光発電パネルを設置した福島矢吹工場

## 「セルガイア」で水を浄化、丸三製紙、操業再開

一方、同じ福島県にある子会社の丸三製紙は、東日本大震災で３カ月間の操業停止を余儀なくされた。設備の損傷は少なかったが、３基の原子炉がメルトダウン（炉心溶融）を起こした東京電力福島第一原子力発電所から約25キロの距離にあり、放射線量の影響を見極めるのに時間を要したからだ。

２０１１年６月の操業再開には、レンゴー金津工場で生産している吸着素材「セルガイア」が貢献した。

吸着効果のある鉱物ゼオライトの結晶をパルプ繊維内に人工的に作るもので、丸三製紙の抄紙機で使う水のタンクなどにセルガイアを入れ、浄化する仕組みを採用した。

丸三製紙の操業再開時には、全国に散らばっていた従業員約２５０人はほぼ全員が戻ってきた。

金津工場は、今を遡ること44年前の１９７６年（昭和51年）、私がレンゴー傘下入りの橋渡し役を務めた旧福井化学工業の流れをくむ。

もともと技術力には定評のあった会社だったが、親会社の安宅産業が破綻したため、レンゴーとの縁ができたことは前述した。

## 目先の業績より未来見据えて

実は、セルガイアと同じように福井化学に由来する技術で、その後開発が進み、私が注目している製品がある。セロファンである。

金津工場と並び福井化学の主力生産部門だった武生工場は今、木材由来素材のセロファンを主原料とする製品の開発に傾注している。

同工場は１９３４年、福井化学の前身企業である西野製紙所が立ち上げた「東洋セロファン」という会社の工場として発足した。

戦前から包装材として普及していたセロファンは70年代以降、耐久・耐水性に優れたプラスチックフィルムに一時的に市場を奪われたが、昨今の「脱プラスチック」の流れを受け、使用後に自然分解し環境に優しい素材として見直されている。

私の社長就任時、レンゴーの経営陣の大半が武生工場をリストラ対象と考えていた。古株の役員が異口同音に「あそこはもういいでしょう」と言う。

ただ、透水性のあるセロファンには人工透析向けなどで大きな潜在需要があったほか、他社が次々に製造から撤退していたため、残存者利益が見込めた。そうしたことから、私は「なんとか武生工場が生き残る道があるのではないか」と考えていたのだ。

「脱プラスチック」のニーズは加速している。２０１８年頃から海岸の漂着ゴミ対策が日本でも指摘されるようになり、ビニール袋や発泡スチロールなどに加えて、大きさが5ミリ以下の微細なマイクロプラスチックビーズ（略してマイクロビーズ）が問題視されるようになってきた。

これらのマイクロビーズは皮膚の汚れなどを落とす効果があるため、衛生用品メーカーなどが洗顔料や歯磨き粉、ボディソープに混ぜ込んで利用していたが、海洋を漂流中に生態系に影響を及ぼす可能性のある化学物質などを吸着して濃縮する性質もあり、誤って取り込んだ魚や鳥からの食物連鎖による人体への悪影響も懸念されるようになってきた。

このような性質を持つマイクロビーズの代替素材として、セロファンの技術を応用したマイクロセルロースビーズ製品に注目が集まっている。前述のように、これまでマイクロビーズを使用した衛生用品の需要は裾野が広く、その代替品となれば、セロファン市場の成長は一段と弾みがつくことになる。

目先の業績に翻弄され、安易なリストラに走れば、未来の稼ぎ頭の芽を摘むことになりかねない。あの時、武生工場を残して本当に良かったと思っている。

# 29

# 夜遊び

## 業界、社会のために

社長を長く務めていると、皮肉なことに自分の会社の仕事、いわゆる「社業」ばかりに専念することが難しくなる。業界団体や経済界で「役」を依頼され、油断していると肩書ばかりが増えていくからだ。そのこと自体は決して本意ではないが、業界や社会のために一肌脱いでほしいと言われたら、私の性格上、断り切れないことが多くなる。

「全国段ボール工業組合連合会」の理事長に就任したのは２００７年（平成19年）５月。かつて段ボールメーカーの業界団体は企業規模で分かれ、大手12社で組織する日本段ボール工業会（日段工）と中小の１４０社が加盟する全国段ボール工業組合連合会（全段連）が並立していた。

前述したように、段ボール業界は「価格がない」など旧来の悪弊がはびこり、〝囚人のジレンマ〟にさいなまれ、同業者間に不信感が漂っていた。その象徴のひとつが二分された業界団体だったが、いつまでも過剰設備が蔓延する業界乱立状態が許されるわけがない。

05年4月に日段工と全段連は統合。生まれ変わった新「全段連」の2代目理事長に私が選ばれた。業界の舵取りは容易ではなかったが、「段ボールベッド」の例が示すように、加盟各社が緊密に連携し社会貢献プロジェクトに取り組めるようになるほど、業界には求心力が働くようになってきた。20年8月現在、私は全段連理事長の職務を続けている。

段ボールの業界団体には国際組織もあり、全段連より一足早く、05年4月に国際段ボール協会（ＩＣＣＡ、米イリノイ州）の会長に就任した。ＩＣＣＡには世界各地の団体・企業が加盟、段ボール産業を通じて世界経済の発展に寄与することを目的に、１９６１年に設立された。

商社マン時代に国際会議などは何度も経験したが、さすがに業界団体トップともなる

会長を務めた国際段ボール協会（ICCA）で挨拶する筆者

と、舵取りは簡単ではない。任期は2年間と短かったが、日本の段ボール業界の地位向上には何らかの貢献ができたと思う。

## 関西財界

いわゆる財界活動は、２００７年5月の「関西生産性本部」会長への就任時から本格化した。１９５６年（昭和31年）４月に発足した同本部は、長らく関西財界の「大御所」である住友金属工業と関西電力から交互に会長を輩出していたが、もはや時代は変わった。前任で２００３年5月に就任したクラボウ元会長の真銅孝三さんから私へと、２代続けて「大御所」以外からの選出となったことで、関西財界の裾野が広がり、多様性を発揮できる環境が整ったといえる。

関西財界の総本山は言うまでもなく「関西経済連合会」であり、10年5月に当時の下妻博会長（住友金属工業会長）から副会長の指名を受けて以来、こちらも在任期間は10年を超えている。

２０００年代以降、関西の老舗企業の東京流出が加速し「地盤沈下」が囁かれる関西財界だが、20年に起きた新型コロナウイルスの感染拡大でも指摘されたように、東京への一極集中は大きな問題をはらんでいる。個性的な経営者が多い関西企業のアイデンティティーを失わず、経済・社会に対して独自の提言・アイデアを発信し続けることが、広く国民の利益にも結びつくと考えている。

## アフターファイブ

私の話も終盤になってきた。このあたりでアフターファイブの出来事を振り返ってみたい。

高度経済成長期に商社マンだった私は「得意先との付き合い」を免罪符に、夜の会合には人並み以上に頻繁に参加した。そこで自然発生した人脈などを積極的に活用し、交友・交際のネットワークを広げた。

「飲む」「打つ」は今でも盛んで、このうち「打つ」方は大学時代に雀荘通いが始まり、かれこれ半世紀以上のキャリアになる。ただ私の雀風は、勝負は二の次。お酒を飲みながら、対戦相手とあれこれお喋りするのを何より楽しみにしている。

住友金属工業の社長、会長を歴任した下妻博さんの雀風は私とは正反対。お酒は一滴も飲まず、常に真剣勝負で場に緊張感が漂っていた。戦績はその気構えに比例し、下妻さんは「常勝将軍」。のんびり屋の私はいつも引き立て役だった。

社会人として2年先輩の下妻さんとの付き合いは、マレーシアの国営石油会社ペトロナスへのパイプライン用鋼管の商談がきっかけだった。

２０００年に共に社長に就任した時、下妻さんが私を訪ねてきて「社長として何をやるべきか」などと、長時間２人で話し込んだことをよく覚えている。残念ながら15年に亡くなられた。

住友グループでは、三井住友銀行初代頭取の西川善文さんとの付き合いも長い。攝津板紙に出向中だった時の初対面の話は前に紹介したが、その後しばらく接する機会がなかった。

頻繁に夜の会合を持つようになったのは、私の取引先だったレンゴーの担当者が西川さんと大阪大学の同期生で、彼を含めて３人で杯を交わすようになってからだ。西川さんが大蔵省担当、いわゆるＭＯＦ担だった時には、密談の場だったと思われる東京・銀座の高級クラブにも連れて行ってもらった。

## 入社後すぐ北新地通い、レンゴー歴代トップも贔屓に

ただ、私のアフターファイブの本拠地は何といっても大阪・北新地である。

レンゴーとの関わりも深く、創業者の井上貞治郎が贔屓《ひいき》にしたお茶屋「鶴太良《つるたろう》」は今も健在。終戦後に聯合紙器が宣伝用に制作した衣装箱のポスターが現在も残っているが、そのモデルは割烹「ふじ久《ひさ》」の当時のおかみさんである。

江戸期の元禄元年（１６８８年）以来の歴史を持つこの北新地に、私が初めて足を踏み入れたのは入社間もない頃。出向先の攝津板紙の創業者、増田義雄さんは船大工町の入口にあった料亭「しまたけ」の旦那（オーナー）で、一日の仕事が終わり、ここへ増田さんを送り届けるのが私の日課だった。

夕方「しまたけ」に辿り着いて一息つくと、増田さんは近隣や永楽町通り沿いにあった店の名を数軒挙げ、「今日はご苦労さん、そのあたりへ行ってうさを晴らしてこい」と送り出してくれる。店には連絡が入っていて、勘定を請求されることはなかった。

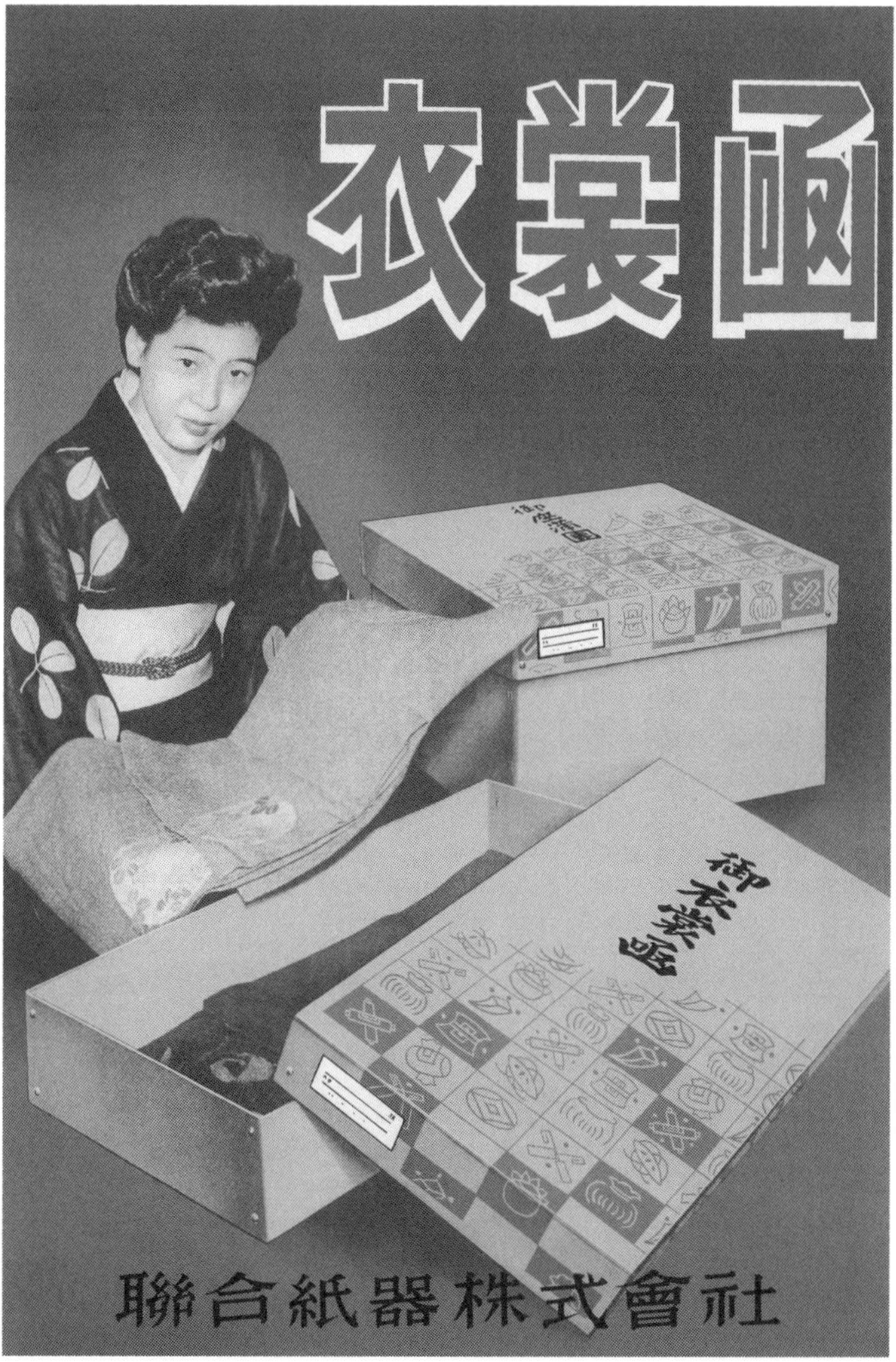


ポスターのモデルは、北新地の割烹「ふじ久」の当時のおかみさん

20代初めの頃から私が北新地に頻繁に通えたのはこうしたからくりがあったからなのだが、事情をよく知らない一部の同僚たちからは「大坪は何か良からぬことをやっているのではないか」などと、あらぬウワサを立てられたこともあった。

私もご馳走になりっ放しだったわけではない。

入社2年目で初めてもらったボーナスは3万円。当時の住友商事は小切手で支給していた。喜び勇んで増田さんに報告に行くと、「若い者がこんなん持っとったら毒や」と言うなり小切手を取り上げられてしまった。

正確な貨幣価値は分からないが、今なら10万円は下らないだろう。

もちろん、増田さんにお世話になった勘定に比べれば微々たるもの。私が出向を解かれて住商に復帰してからも、たまに思い出すたび「あの小切手は……」と話を振るのだが、返してはもらえなかった。

1987年（昭和62年）7月17日、増田さんはこの世を去る。91歳の大往生だった。

告別式では様々な思い出が去来し、若き日にいただいた言葉の数々が胸に響いた。遺影の前で手を合わせながら「あの小切手は増田さんへの香典になりましたね」と心の中でつぶやいた途端、涙が止まらなくなった。

# 30 人との縁

## 家族

妻の圭子は旧姓櫻井。京都生まれの快活な女性で、半世紀以上前に出会った時は、さる企業のソフトボールチームの選手だった。マスコミのインタビューなどで馴れ初めを聞かれ、「くたびれていたので拾ってやった」などと言おうものなら大変だ。

「何を言うの。寂しそうだったから慰めてやったのよ」

こんな強烈なしっぺ返しがくる。「会社では社長、家では平社員」というのが大坪流だ。

娘が2人。共にサラリーマンと結婚し子宝に恵まれた。

5人の孫のうち4人が男の子で、高校や大学でサッカー選手として活躍中の子もいる。

スポーツの才能は私たち夫婦のＤＮＡかも、とひそかに自惚れている。

５人の中でただ１人の孫娘は、小学校の頃から歌やバトンダンスが好きで将来の夢はタカラジェンヌ。まさかと思っていたが、彼女はその夢を実現した。

２０１１年（平成23年）に宝塚音楽学校に入学した99期生で花組の男役。芸名を「帆純《ほずみ》まひろ」という。それまで別世界のようでさほど関心はなかったが、孫娘の音楽学校入学を機に宝塚歌劇に大いに興味を抱くようになった。

宝塚音楽学校では、音楽や舞踊などの芸術、芸能分野は言うまでもなく、しつけの面でも厳しく鍛えられる。卒業後はほぼ全員が歌劇団に配属されるが、その２年間の学校生活を通じて長幼の序を守り、規律正しい生活が自然に身についてくる。

あの華やかで、鍛え抜かれた歌唱とダンスに彩られた素晴らしいステージも、それぞれの生徒たちに培われた、凛とした矜持に裏打ちされていると私には感じられる。

もちろん、誰もがスターになれるわけではないが、音楽学校で過ごした２年間とその後の歌劇団での生活は、本人たちにとって一生忘れることができない、かけがえのない宝物となることだろう。

妻・圭子と欧州のモンブランで

それは与えられた役割、限られた時間に一生懸命に取り組んだ者だけが得られる「特権」でもある。

娘一家はいずれも我が家の近隣に住み、何か事があればいつでも駆けつけてくれる。歳を重ねた夫婦にとって、これほど心強いことはない。

## 人の世を取り結ぶ縁

住友商事で社会人としてのスタートを切って58年、レンゴーに転じ、社長に就任してから20年が経過した。来し方を振り返ってしみじみ思うのは、人の世を取り結ぶ縁のことである。

私が入社２カ月で出向した攝津板紙が、もうひとつの得意先だったレンゴーに救済され、合併する。その筋道をつくった私が新生レンゴーの社長としてスカウトされ、２つの組織の融合に心を砕くというのは、いかにも因縁めいた話である。

旧福井化学工業がレンゴーに支援を求めた際に話をつないだのも私で、その福井化学の流れをくむ金津工場で開発製造された吸着素材「セルガイア」が原発事故後の丸三製紙の操業再開に大いに役立った。

その丸三製紙は私の住商時代のやはり得意先で、取締役時代にこの会社から設備更新の資金協力を求められた。稟議書を持って担当役員を訪ね歩いたが、反対する常務取締役財務本部長の米津武彦さんの説得が難航し、承認の印鑑を逆さまに押された話は前に紹介した。

こんな風に、私が関わった案件は次々に話がつながっていく。これを偶然と考える人もいるだろう。だが、人生の流れを変えた出来事を振り返ってみると、その背景には、必ずといっていいほど過去に私と縁のあった人々の存在があるのだ。

様々な人たちとの縁は、海外にも広がる。

レンゴーは２０１６年、前述した重量物段ボールの世界最大手、トライウォール・ホールディングスを傘下に収めた。

トライウォールのオーナーだった鈴木雄二さんとは若い頃からの付き合いで、「自分の会社を最後に託すなら大坪さんに」と、Ｍ＆Ａに応じてくれた。

その鈴木さんと私のエピソードをどうやって耳にしたのか、このトライウォールの買収案件に続いて、欧州企業から親会社になってほしいという要請があった。ドイツの重量物段ボール大手トライコーパッケージング&ロジスティクスである。

トライコーのCEOであるマーティン・ミュラーさんは創業2代目。息子さんがいるが、後は継がないため、会社の将来をレンゴーに託したいという。「ミスター・オオツボのことは記事で読み、信頼できる人だと思った」と初対面の私に語りかけてきた。

## 「情」のない経営は評価に値せず

リーダーに必要な要素は5つ。それはモラル（道徳）、エシックス（倫理）、フィロソフィー（哲学）、センチメント（感情）、シンパシー（惻隠《そくいん》の情）である。

人は信頼されたらそれに応えようという気持ちが働く。「情」のない経営は評価に値しない。そんな思いが海外の人にも理解されたことがうれしかった。

経営の真髄に国境はない。これも私の信条だ。

レンゴー本社の私の執務室には「有道得財　和気生財」の掛け軸が掛かっている。

「有道得財　和気生財」の掛け軸

もう50年近く前になるが、住友商事の紙・パルプ担当として脂が乗りつつあった頃、中国・広州で開かれた見本市「広州交易会」へ視察に行ったことがあった。その時、ふらりと立ち寄った店で見つけたのがこの掛け軸である。

「財を得るには道がある。気を和して財を生め」

私は一目でこの言葉が気に入り、座右の銘にしようと心に決めた。

解釈を広げれば、以下のように読める。

「営利事業を行うにあたり、営利を図ることに極力努めなければならない。しかし、儲け方には道があり、儲かった金は国家公益に役立つように使わなければならない。そして良好な人間関係こそが財を生む」

こんな感じである。

## 歴代・住友総理事の言葉

この「有道得財　和気生財」は第2代住友総理事、伊庭貞剛（1847～1926年）が唱え続けた「君子財を愛す　之を取るに道あり」にも通じる。

伊庭は１８４７年（弘化４年）１月、近江国蒲生郡西宿村（現在の滋賀県近江八幡市）の地代官の嫡男として生まれた。

幕末に伊庭は尊王思想を学び、維新後は司法畑を歩んで大阪上等裁判所判事にまで昇進したが、西南戦争後に理想や自由闊達さが失われていく官界に嫌気が差して辞職。故郷に帰ったところ、叔父（母の実弟）の初代住友総理事、広瀬宰平（１８２８〜１９１４年）に誘われ、住友入りすることになる。

１８９４年（明治27年）、住友の主力事業所である別子銅山に支配人として赴任。当時、銅山周辺は製錬所の亜硫酸ガスが農作物を枯らす煙害で農民暴動が起こるなど、殺伐とした雰囲気に包まれていたが、伊庭は会社と農民が意思の疎通を欠き、人心の荒廃が問題の背景にあると見て、対峙者との対話に努めた。

また、荒れ果てた山々を見て「別子全山を元の青々とした姿にして、これを大自然に返さねばならない」と山林保護の方針を打ち出した。

伊庭の就任前は年平均６万本に満たなかった植林本数を、一気に１００万本超に拡大。この植林事業を管理するために置かれた山林課が、後の住友林業に発展していく。伊庭は倫理観とビジネスセンスを併せ持ったスケールの大きな事業家だった。

その伊庭の前任者であり、叔父でもあった広瀬宰平が好んで口にした「逆命利君」の精神も忘れてはならない。

「命に逆らいて君を利する　之を忠と謂う」

もともとは前漢の学者、劉向《りゅうきょう》が編集した故事・説話集「説苑《ぜいえん》」にある言葉。本当の組織の発展のためには、命に逆らってでも主君を利する精神が必要であり、それこそが「忠」なのだと説く。

側近のイエスマンにおだてられ、周りが見えなくなって「裸の王様」になった実例を、私自身、社会人になってから何度も目にしてきた。

人の道、商いの道を外れず、苦言も辞さない信頼できる部下を側に置くこと。意に沿わぬ事象にも敢然と立ち向かい、決して目を閉じてはいけない。モラル（道徳）とモラール（士気）。経営者には常にこの両方が求められているのである。

紙数が尽きてきた。私の長い話にお付き合いいただき、深く感謝したい。世界の明日を担う人々に、私の経験が少しでも参考になったならば幸いである。

# あとがき

本書は、２０２０年3月の1カ月間、日本経済新聞に掲載された「私の履歴書」に加筆してまとめたものである。自分の人生のことを頭の片隅において、付加すべきことなどを整理しながら作業を進めた。

年初から「私の履歴書」の執筆に関する資料を整理し始めたが、本書の刊行までに世界は大きく様変わりした。

中国湖北省武漢市から感染が拡大した新型コロナウイルスにより、パンデミック（世界的大流行）が引き起こされ、世界中の政治、経済、社会生活が大混乱に陥った。

日本でも生活様式の変革が必須の情勢となり、ニューノーマル（新常態）が求められることになったが、その過程でサイバー（cyber）活用によるデジタルトランスフォーメーション（ＤＸ）で日本はとても遅れていることが明確になった。世間では、ＤＸで変革を推進できるかが日本の将来を左右するともいわれている。

この点について私見を述べるなら、サイバー活用のＡＩ（人工知能）と人間本来の頭脳

（physical）のバランスのよい「サイバー・フィジカル・システム（ＣＰＳ）」が必要だと思っている。

執筆の始まりから本書の刊行に至るまで、日本経済新聞社の安西巧編集委員には大変お世話になった。レンゴー株式会社の代表者として、また各種経済団体のまとめ役として超多忙な生活環境の中でこのような著作ができたのは、安西氏の様々なご協力の賜《たまもの》である。ここに表明させていただく感謝は、真実不虚のものである。

また、本書刊行にあたりご協力いただいた社内外の多くの方々にも御礼申し上げたい。

そして最後に、長年にわたり私を支えてくれた妻と、家族に感謝の念をささげ、筆をおくことにする。

２０２０年8月吉日

大坪　清

本書は、日本経済新聞朝刊に連載された「私の履歴書　大坪清」（２０２０年３月）に加筆し、編集したものです。

# 大坪清　関連略年譜

| 年（西暦） | 月 | 主な出来事 | 社会の出来事 |
| --- | --- | --- | --- |
| 1939 | 3 | 大阪府豊中市に生まれる（3月15日） | 第二次世界大戦勃発（9月） |
| 1945 | 4 | 南大江国民学校（後の南大江小学校）入学 | 第二次世界大戦終結（8月） |
| 1955 | 4 | 大阪府立大手前高校入学<br>バレーボール部に入部<br>リーグ戦5部のチームを3年間で1部まで昇格させる | 東京通信工業（現在のソニー）が、日本初のトランジスタラジオ「TR－55」発売（8月） |
| 1958 | 4 | 神戸大学経済学部入学<br>高校に続きバレーボールに打ち込み、関西大学リーグ3部から1部に昇格させる<br>学業においてはアダム・スミス『国富論』を原書で読破 | 関門トンネル完成（3月）<br>東京タワー完成（12月） |
| 1962 | 4 | 住友商事株式会社入社<br>一番弱い部門を希望し、新設部署の物資部紙パルプ課に配属される | キューバ危機（10月） |
|  | 6 | 摂津板紙株式会社に出向<br>創業者、増田義雄氏に師事<br>現場を知るためにゴザを敷いて工場構内で一晩を過ごす |  |

| | | | |
|---|---|---|---|
| 1964 | 10 | 妻・圭子と結婚 | 東京五輪開催（10月） |
| 1965 | 8 | 長女・美樹誕生 | 名神高速道路全通（7月） |
| | 9 | 住友商事へ復帰、パルプ事業の立ち上げに携わる | |
| 1968 | 5 | 次女・由佳誕生 | 3億円事件発生（12月） |
| 1972 | 1 | 聯合紙器株式会社がレンゴー株式会社に社名を変更 | 札幌冬季五輪開催（2月） |
| 1976 | 8 | レンゴーが福井化学工業株式会社を子会社化<br>（レンゴー75%、住友商事25%出資） | ロッキード事件で田中角栄前首相が逮捕（7月） |
| 1984 | 5 | レンゴーと攝津板紙の株式取得合戦が収束<br>攝津板紙が手放すレンゴー株を住友商事が買い取るため尽力 | グリコ・森永事件（3月） |
| 1986 | 4 | 住友商事紙パルプ第二部長　就任 | 男女雇用機会均等法施行（4月） |
| | 10 | 攝津板紙株式会社がセッツ株式会社に社名を変更 | |
| 1988 | 5 | 住友商事クアラルンプール支店長としてマレーシアへ赴任<br>オフィス移転、現地スタッフの差別撤廃など、強気の施策を実施し奏功する | 青函トンネル開通（3月）<br>瀬戸大橋開通（4月） |

| | | | |
|---|---|---|---|
| 1991 | 10 | レンゴーが福井化学工業を吸収合併 | 湾岸戦争勃発（1月） |
| 1992 | 6 | 住友商事取締役生活物資統括室長　就任<br>みなとみらい21地区再開発プロジェクトや製油事業の強化に取り組む | PKO部隊第一陣出発（9月） |
| 1994 | 6 | 住友商事取締役繊維本部長　就任 | オウム真理教による松本サリン事件発生（6月）<br>関西国際空港開港（9月） |
| 1996 | 6 | 住友商事常務取締役繊維本部長　就任 | |
| 1997 | 4 | 住友商事常務取締役欧州総支配人兼欧州住友商事会社社長就任<br>3年間のロンドン駐在中に銅地金不正取引事件後のロンドンオフィスの立て直しや欧州連合（EU）全域での事業拡大に携わる | 消費税5%に引き上げ（4月）<br>地球温暖化防止京都会議で「京都議定書」採択（12月） |
| 1998 | 2 | レンゴーがセッツを救済合併する第一報が新聞で報じられる | 長野冬季五輪開催（2月） |
| 1999 | 4 | レンゴーとセッツが合併 | 日銀、ゼロ金利政策実施（2月） |
| 2000 | 3 | 日本経済新聞に「レンゴー新社長に住商の大坪常務」の記事が掲載される | 有珠山噴火（3月）<br>金融庁発足（7月）<br>九州・沖縄サミット開催（7月） |

| | | | |
|---|---|---|---|
| | 4 | 住友商事取締役副社長　就任 | |
| | 6 | レンゴー代表取締役社長　就任 | |
| 2001 | 1 | 「フルコスト主義」を含む「三位一体の改革」を打ち出す | 中央省庁再編、1府12省庁スタート（1月）<br>米で同時多発テロ（9月） |
| | 4 | 日本製紙連合会副会長　就任 | |
| 2002 | 4 | レンゴー、セッツ、両労働組合の組織統一を実現 | サッカーワールドカップ日韓共同開催（5月） |
| 2004 | 5 | 日本包装技術協会副会長・関西支部支部長　就任 | 新潟県中越地震発生（10月） |
| 2005 | 4 | 国際段ボール協会（ICCA）会長　就任（2007年4月退任） | 愛知県で日本国際博覧会（愛・地球博）開幕（3月） |
| 2006 | 4 | JA包装園芸資材協会会長　就任 | 日本郵政株式会社発足（1月）<br>ワールドベースボールクラシックで日本が初代世界王者（3月） |
| | | 出産祝い金を増額、第三子以降は1人につき100万円に引き上げる | |
| | 6 | 段ボールリサイクル協議会会長　就任 | |

| | | | |
|---|---|---|---|
| 2007 | 5 | 全国段ボール工業組合連合会理事長　就任 | 新潟県中越沖地震発生（7月） |
| | | 関西生産性本部会長　就任 | |
| | | 段ボール業界で初めて、京都工場（現在の新京都事業所段ボール工場）に太陽光発電設備を導入 | |
| 2008 | 10 | 神戸大学にて特別講義「持続可能な社会と企業経営」を行う<br>以後同大学において定期的に講義を行うとともにスーパーグローバルハイスクール運営指導委員会委員を務める（2020年3月退任） | 北海道洞爺湖サミット開催（7月）<br>米リーマン・ブラザーズ破綻（リーマン・ショック）（9月） |
| 2009 | 3 | 日中経済貿易センター特別会員副会長　就任 | オバマ米大統領就任（1月）<br>新型インフルエンザ発生（4月） |
| | 4 | レンゴー、創業100周年 | |
| | | 派遣社員約1000人を正社員化 | |
| | 5 | 日本マタイ株式会社を子会社化 | |
| 2010 | 5 | 関西経済連合会副会長　就任 | 日本年金機構発足（1月）<br>小惑星探査機「はやぶさ」帰還（6月） |
| | | 旧郡山工場を移転・拡大した福島矢吹工場が稼働<br>約9000枚の太陽光発電パネルにより約145万キロワット時の年間発電量を持つ、最新鋭のエコ工場となる | |

## 大坪清　関連略年譜

| 年 | 月 | 事項 | 社会の動き |
|---|---|---|---|
| 2011 | 4 | 東日本大震災で被災した仙台工場を、1年以内に宮城県大和町に移転、新工場を建設することを決定<br>大阪大学にて特別講義「先端教養科目・関西は今」を行う | 東日本大震災、大津波発生、福島第一原発事故（3月）<br>サッカー女子ワールドカップで日本（なでしこジャパン）が優勝（7月） |
| | 6 | 東日本大震災により被災し操業を停止していた丸三製紙株式会社が操業を再開 | |
| 2012 | 3 | 73歳の誕生日に新仙台工場の起動式を行う<br>式典には宮城県の村井嘉浩知事も臨席<br>工場には東日本大震災で亡くなられた多くの方々の鎮魂とともに、被災からの復興、再生へと心をひとつにして取り組んだ人々の絆、そして、未来への決意を込めて、モニュメント「一心の塔」と記念碑「絆3・11」を併置 | 復興庁発足（2月）<br>東京スカイツリー開業（5月） |
| | 10 | 東北大学にて特別講義「関西起業塾」を行う | |
| 2013 | 1 | 関西学院大学にて特別講義<br>「わが経営～Productivity is a state of mind～」を行う<br>同大学ではスーパーグローバル大学創成支援外部評価委員会委員を務める | 富士山が世界文化遺産に登録（6月）<br>2020年夏季五輪・パラリンピックの開催地が東京に決定（9月） |
| 2014 | 1 | 新名古屋工場が稼働<br>レンゴーの段ボール工場で初めて、ラック式免震自動倉庫を導入 | 日本一の高層ビル、あべのハルカス全面開業（3月）<br>消費税8%に引き上げ（4月） |

| | | | |
|---|---|---|---|
| 2014 | 4 | レンゴー代表取締役会長兼社長　就任 | |
| 2015 | 3 | 丸三製紙、段ボール原紙（ライナ）生産設備竣工 | 北陸新幹線開業（3月）<br>日経平均株価、約15年ぶりに一時2万円台を回復（4月） |
| | 6 | 創業110周年（2020年3月期）を見据えたレンゴーグループの中期ビジョン「Vision110」を策定<br>太平洋人材交流センター（PREX）会長　就任 | |
| 2016 | 6 | 一般社団法人凌霜会（神戸大学の経済・経営・法学部などの社会学系学部および大学院の同窓会）第11代理事長　就任 | マイナンバー制度運用開始（1月）<br>日銀、マイナス金利導入（1月） |
| | 10 | 重量物段ボール世界最大手のトライウォール・ホールディングスを子会社化 | |
| 2018 | 9 | トッパンコンテナー株式会社を子会社化し、社名をレンゴー・トッパンコンテナー株式会社に変更 | 平昌冬季五輪、日本最多13メダル獲得（2月）<br>2025年万博、大阪で開催決定（11月） |
| 2019 | 4 | レンゴー、創業110周年<br>「65歳定年」を導入 | 天皇陛下即位。「令和」に改元（5月）<br>ラグビーワールドカップ日本大会開幕、日本8強入り（9月） |

| | | | |
|---|---|---|---|
| 2020 | 4 | 創業115周年（2025年3月期）を見据えたレンゴーグループの中期ビジョン「Vision115」を策定<br>レンゴー代表取締役会長兼CEO　就任 | 世界で新型コロナウイルスによるパンデミック発生 |

著者略歴

## 大坪　清（おおつぼ　きよし）

レンゴー株式会社代表取締役会長兼ＣＥＯ

1939年生まれ。62年神戸大学経済学部卒、住友商事株式会社入社。88年クアラルンプール支店長、92年取締役生活物資統括室長、94年取締役繊維本部長、96年常務取締役繊維本部長、97年常務取締役欧州総支配人兼欧州住友商事会社社長、2000年取締役副社長。同年６月レンゴー株式会社代表取締役社長、14年代表取締役会長兼社長、20年代表取締役会長兼CEO。日本製紙連合会副会長、国際段ボール協会（ICCA）会長、JA 包装園芸資材協会会長、段ボールリサイクル協議会会長、全国段ボール工業組合連合会理事長、関西生産性本部会長、日中経済貿易センター特別会員副会長、関西経済連合会副会長、太平洋人材交流センター会長などの要職を歴任。

# 「情」の経営に「理」あり
## レンゴー 大坪清 私の履歴書

2020年11月19日　1版1刷

著　者　大坪 清

発行者　白石 賢
発　行　日経BP
日本経済新聞出版本部
発　売　日経BP マーケティング
〒105-8308　東京都港区虎ノ門4-3-12
印刷・製本　中央精版印刷株式会社
ブックデザイン　二ノ宮 匡（ニクスインク）
カバー写真　海田 悠


本書籍に関するお問い合わせ、ご連絡は下記にて承ります。
https://nkbp.jp/booksQA

ISBN978-4-532-17691-4　Printed in Japan